AF742627

Bit Bryson

SQL a Python para análisis de datos

Traducción de consultas SQL a Python con Pandas

Primera edición publicada en 2026.

ÍNDICE DE CONTENIDO

Introducción

¿Por qué convertir SQL a Python? Tu hoja de ruta hacia el dominio de los datos

En el mundo actual, impulsado por los datos, la capacidad de gestionarlos y analizarlos eficientemente es una habilidad crucial para profesionales de todos los sectores. Este capítulo te servirá como punto de partida para conectar dos potentes herramientas: SQL (lenguaje de consulta estructurado), el estándar para consultar bases de datos relacionales, y Python, un lenguaje de programación versátil con bibliotecas como Pandas que permiten la manipulación avanzada de datos. Exploraremos la importancia de esta transición, quiénes se pueden beneficiar de ella, qué habilidades desarrollarás, cómo configurar tu entorno y cómo sacar el máximo provecho de este libro. Al finalizar, comprenderás claramente el camino a seguir y estarás listo para sumergirte en el aprendizaje práctico.

Esta introducción está diseñada para principiantes, asumiendo que tienes cierta familiaridad con SQL, pero quizás poca experiencia con Python. Usaremos un lenguaje sencillo, desglosaremos conceptos con analogías cotidianas y proporcionaremos ejemplos claros. Por ejemplo, piensa en SQL como un bibliotecario que recupera libros específicos de una extensa biblioteca (base de datos), mientras que Python con Pandas actúa como un asistente digital que no solo recupera, sino que también organiza, analiza y visualiza esos libros en tu escritorio. El objetivo es mostrar cómo la combinación de estas herramientas puede potenciar tu flujo de trabajo de datos.

Comencemos examinando las razones fundamentales de este puente y lo que ofrece el libro.

El poder de conectar SQL y Python: lo que ofrece este libro

SQL ha sido durante mucho tiempo el lenguaje predilecto para trabajar con datos estructurados en bases de datos como MySQL, PostgreSQL o SQL Server. Destaca en la consulta, el filtrado y la agregación de datos almacenados en tablas. Sin embargo, a medida que el volumen de datos crece y las necesidades de análisis se vuelven más complejas, SQL por sí solo puede resultar limitante. Aquí entra Python: un lenguaje de código abierto fácil de aprender, muy legible y extensible mediante bibliotecas. La estrella aquí es Pandas, una biblioteca que imita las capacidades de manejo de datos de SQL, a la vez que añade la flexibilidad de Python para la creación de scripts, la automatización y la integración con otras herramientas como bibliotecas de aprendizaje automático (p. ej., scikit-learn) o paquetes de visualización (p. ej., Matplotlib).

Unir SQL y Python implica traducir consultas SQL a código Python con Pandas. Por ejemplo, una consulta SQL simple como SELECT * FROM customers WHERE age > 30 se convierte en customers[customers['age'] > 30] en Pandas. Esto no es solo un cambio de sintaxis, sino una puerta de entrada a canales de datos más potentes. Python permite gestionar datos de diversas fuentes (archivos CSV, API, Excel), realizar transformaciones complejas con las que SQL tiene dificultades (como funciones personalizadas o procesamiento de texto) y automatizar tareas repetitivas.

¿Qué ofrece este libro? Ofrece una guía paso a paso para esta traducción, basada en ejemplos prácticos extraídos de situaciones reales. Aprenderá a usar los DataFrames de Pandas (considérelos como tablas en memoria) para replicar operaciones SQL como filtrado (WHERE), agregación (GROUP BY), unión de tablas (JOINS) y funciones más avanzadas como funciones de ventana y lógica condicional (CASE). El libro amplía el concepto básico del curso, convirtiendo 44 minutos de vídeo en un recurso completo con fragmentos de código, ejercicios y proyectos.

Conceptos básicos explicados de forma sencilla: Un DataFrame en Pandas es como una hoja de cálculo o una tabla SQL con filas y columnas. Puedes cargar datos en él usando pd.read_csv('file.csv') y luego manipularlos. Por ejemplo, para obtener valores únicos (como SQL DISTINCT), usa df['column'].unique(). Esta simplicidad hace que Python sea accesible incluso para principiantes en programación.

Aplicaciones reales: Imagina que eres analista de marketing en una empresa de comercio electrónico. Con SQL, podrías consultar una base de datos para obtener datos de compra de clientes. Pero con Python, puedes extraer esos datos, depurarlos (gestionar valores faltantes), analizar tendencias (calcular promedios) e incluso generar informes o visualizaciones, todo en un solo script. Esta conexión ahorra tiempo y reduce los errores al cambiar de herramienta.

Pasos prácticos a implementar:

1. Identifique una consulta SQL sencilla que utilice a diario, como seleccionar las principales ventas.
2. Abra un entorno Python (más información sobre la configuración más adelante).
3. Importar Pandas: importar pandas como pd.
4. Cargar datos de muestra: df = pd.read_csv('sales.csv').
5. Traducir: Para SQL SELECT TOP 5 * FROM sales ORDER BY amount DESC, utilice df.sort_values('amount', ascending=False).head(5).
6. Ejecute y verifique la salida.

Consejos: Empieza con poco; no intentes traducir consultas complejas primero. Usa sentencias de impresión como print(df.head()) para inspeccionar los datos en cada paso.

Errores comunes que se deben evitar: Olvidar importar bibliotecas (iniciar siempre con import pandas as pd). Tipos de datos no coincidentes: asegúrese de que las columnas sean numéricas para los cálculos (use df['column'].dtype para comprobarlo). Ignorar la distinción entre mayúsculas y minúsculas: Python distingue entre mayúsculas y minúsculas, a diferencia de algunas variantes de SQL.

Esta sección sienta las bases al destacar la sinergia entre SQL y Python. A continuación, definiremos a quién va dirigido este proyecto.

A quién va dirigido este libro: Desde principiantes en SQL hasta aspirantes a analistas de datos

Este libro está dirigido a quienes tienen cierta experiencia con SQL pero desean ampliar sus herramientas con Python. Si eres principiante en SQL (es decir, has escrito consultas básicas pero no eres un experto), este es un punto de partida ideal. No necesitas conocimientos avanzados de SQL; basta con familiarizarte con SELECT, WHERE y agregados básicos. Para quienes aspiran a ser analistas de datos, esta transición es crucial, ya que los roles modernos exigen versatilidad más allá de las bases de datos.

¿Quién encaja exactamente?

- Analistas de datos que se sientan cómodos con SQL en herramientas como Excel o software de bases de datos, pero que buscan automatización.
- Profesionales de inteligencia empresarial que utilizan SQL para generar informes y desean integrar Python para obtener información más detallada.
- Principiantes en ciencia de datos que conocen SQL de cursos en línea o del trabajo, pero necesitan habilidades en Python para la preparación del aprendizaje automático.
- Desarrolladores o programadores familiarizados con otros lenguajes, que buscan aplicar lógica similar a SQL en Python.
- Estudiantes o personas que cambian de carrera y se adentran en campos de datos, donde Python es cada vez más la lengua franca.

Explicación sencilla: Si SQL es tu mejor aliado para los datos, Python te ofrece una caja de herramientas. Para principiantes, explicamos los fundamentos de Python con ejemplos; no se requieren conocimientos previos de programación más allá de la lógica básica. Por ejemplo, Python usa sangría para los bloques de código, a diferencia del punto y coma de SQL.

Aplicaciones prácticas: Un novato en SQL en RR. HH. podría consultar bases de datos de empleados para obtener informes. Con Python, puede automatizar informes mensuales, extraer datos, calcular métricas (por ejemplo, antigüedad promedio) y enviar resultados por correo electrónico. Un aspirante a analista financiero podría traducir consultas de cartera SQL a scripts de Python que también obtengan datos bursátiles en tiempo real mediante API.

Pasos a seguir:

1. Evalúa tu nivel de SQL: escribe una consulta simple como SELECT nombre, salario FROM empleados WHERE departamento = 'Ventas'.
2. Si se siente cómodo, continúe; si no, revise los recursos SQL gratuitos (por ejemplo, Khan Academy).
3. Instalar Python (detallado a continuación).
4. Ejecute su primer script: cree un archivo hello.py con print("Hello, Data World!") y ejecútelo.
5. Introduzca Pandas gradualmente con un conjunto de datos pequeño.

Consejos: Si eres totalmente nuevo en Python, dedica de 10 a 15 minutos diarios a sitios interactivos como la introducción a Python de Codecademy. Únete a un compañero de estudio para motivarte.

Errores comunes: Suponer que Python es más complejo que SQL; suele ser más intuitivo para las tareas de datos. Omitir los aspectos básicos genera frustración; pruebe siempre el código en fragmentos pequeños. Descuidar la compatibilidad de versiones: utilice Python 3.7 o superior, como se recomienda.

Basándonos en esto, exploremos las habilidades específicas que adquirirás.

Lo que obtendrás: Habilidades básicas en traducción, manipulación y análisis de datos

Al finalizar este libro, dominará la traducción de SQL a Python y adquirirá habilidades esenciales en traducción, manipulación y análisis de datos. La traducción implica convertir la sintaxis SQL a métodos de Pandas, como convertir GROUP BY en groupby(). La manipulación implica modificar los datos: filtrar, ordenar y agregar. El análisis aporta información, como resumir tendencias o unir conjuntos de datos para establecer correlaciones.

Explicaciones sencillas con ejemplos:

- Traducción: SQL SELECT DISTINCT city FROM customers se convierte en df['city'].unique() en Pandas. Esto lista ciudades únicas sin duplicados.
- Manipulación: para filtrar, SQL WHERE age BETWEEN 20 AND 30 es df[(df['age'] >= 20) & (df['age'] <= 30)]. Use & para AND.
- Análisis: Agregados como SQL AVG(ventas) se convierten en df['ventas'].mean(). Para grupos: df.groupby('región')['ventas'].mean() proporciona el promedio de ventas por región.

Estos se construyen progresivamente: comience con lo básico y luego combínelos para realizar tareas complejas.

Aplicaciones prácticas: En el comercio minorista, traducir consultas de inventario SQL a Python para el análisis de existencias: filtrar artículos con bajo stock, agregar por categoría y analizar patrones de ventas para predecir la escasez. En el sector sanitario, manipular datos de pacientes (anonimizados) para obtener promedios por grupo de edad y combinarlos con tablas de tratamiento para el análisis de eficacia.

Pasos a seguir:

1. Descargue un CSV de muestra (por ejemplo, de Kaggle: conjunto de datos de iris).
2. Cargar en Pandas: df = pd.read_csv('iris.csv').
3. Traducir una consulta: SQL SELECT species, AVG(sepal_length) FROM iris GROUP BY species a df.groupby('species')['sepal_length'].mean().
4. Analizar: agregue df.describe() para obtener estadísticas de resumen.
5. Guardar resultados: results.to_csv('analysis.csv').

Consejos: Use Jupyter Notebooks para codificación interactiva: las celdas permiten la ejecución paso a paso. Comente el código libremente, por ejemplo, "Esto filtra datos como SQL WHERE".

Errores comunes: Ignorar los restablecimientos de índice tras manipulaciones (df.reset_index()). Aplicar operaciones a tipos de datos incorrectos (convertir con df['column'] = pd.to_numeric(df['column'])). Complicación excesiva: Pandas suele tener métodos integrados; consulte la documentación con help(pd.DataFrame.groupby).

Con estas habilidades en mente, configuremos sus herramientas.

Herramientas y configuración: Instalación de Python, Pandas y conjuntos de datos de muestra

Para empezar, necesitarás Python, Pandas, un IDE y conjuntos de datos. Python es el lenguaje base; Pandas es la biblioteca para el manejo de datos. La configuración es sencilla y toma entre 15 y 30 minutos.

Explicación sencilla: Python ejecuta código; instálalo como cualquier software. Pandas se instala mediante pip (el gestor de paquetes de Python). Un IDE como VS Code proporciona un espacio de trabajo para escribir código. Los conjuntos de datos son archivos CSV que imitan las tablas SQL.

Instalación paso a paso:

1. Descarga Python 3.7+ desde python.org. Elige el instalador para tu sistema operativo (Windows/Mac/Linux). Durante la instalación, marca la opción "Añadir Python a la ruta".
2. Verificar: Abra la terminal/símbolo del sistema y escriba python --version. Debería mostrar la versión 3.x.
3. Instalar Pandas: En la terminal, pip install pandas.
4. Instalar el IDE: Descarga VS Code desde code.visualstudio.com. Instala la extensión de Python.
5. Conjuntos de datos de muestra: Cree una carpeta y descargue archivos CSV como "titanic.csv" de Kaggle o GitHub. O bien, genere: En Python,

importe pandas como pd; df = pd.DataFrame({'name': ['Alice', 'Bob'], 'age': [25, 30]}); df.to_csv('sample.csv').

Aplicaciones prácticas: Una vez configurado, los analistas lo utilizan para sus tareas diarias: cargar archivos CSV de ventas, manipular datos y exportar información. En los proyectos, se integra con Git para el control de versiones.

Pasos a seguir:

1. Siga la guía de instalación anterior.
2. Prueba: Crear test.py: importar pandas como pd; df = pd.read_csv('sample.csv'); print(df.head()). Ejecutar con Python test.py.
3. Si hay errores, verifique PATH o reinstale.
4. Explorar: utilice pd.options.display.max_columns = None para vistas completas.

Consejos: Use entornos virtuales (python -m venv env; source env/bin/activate) para aislar proyectos. Realice copias de seguridad del código periódicamente.

Errores comunes: Instalar una versión incorrecta de Python (utilizar la 3 o superior). Ejecutar pip sin permisos de administrador (usar el parámetro --user). Conjuntos de datos grandes que sobrecargan la memoria: empezar con una versión pequeña y usar df.sample(100) para subconjuntos.

Ahora, aprenda a utilizar el libro de manera efectiva.

Cómo usar este libro: ejercicios prácticos, fragmentos de código y aplicaciones reales

Este libro está estructurado para el aprendizaje activo: cada capítulo se basa en el anterior, comenzando con explicaciones, luego con ejemplos, aplicaciones y ejercicios. Úselo leyendo, programando y aplicando a sus datos.

Explicación simple: Los fragmentos de código son bloques listos para copiar, por ejemplo:

pitón
```
importarpandascomopd
df=pd.DataFrame({'producto':['A','B'],'precio':[10,20]})
imprimir(df['precio'].significar())  # Como SQL AVG
```

Los ejercicios prácticos refuerzan los conceptos; las aplicaciones del mundo real muestran el uso práctico.

Flujo: Leer la sección, ejecutar el fragmento, intentar el ejercicio y aplicarlo a datos reales.

Aplicaciones en el mundo real: convertir el conocimiento teórico en guiones para el trabajo, como la automatización de informes.

Pasos a seguir:

1. Configurar un cuaderno en Jupyter (instalar mediante pip install jupyter; jupyter notebook).
2. Para cada capítulo, copie fragmentos y modifíquelos con sus datos.
3. Realizar ejercicios, depurar errores.
4. Cree un portafolio: recopile scripts en un repositorio Git.

Consejos: Sesiones de tiempo limitado (1 hora al día). Únete a comunidades como Stack Overflow para obtener ayuda.

Errores comunes: Leer rápidamente sin programar (siempre ejecutar el código). Ignorar errores (usar try-except para mayor robustez).

Resumen de las conclusiones clave y ejercicios sugeridos

Puntos clave: La conexión entre SQL y Python facilita la gestión versátil de datos; este libro ofrece traducciones prácticas mediante Pandas. Está dirigido a usuarios de SQL que aspiran a puestos de análisis. Adquiera habilidades de traducción, manipulación y análisis. La configuración incluye Python, Pandas, IDE y conjuntos de datos. Utilice el libro de forma práctica con fragmentos y ejercicios.

Ceremonias:

1. Instalar herramientas y ejecutar un script básico de Pandas.
2. Traducir una consulta SQL personal a Python.
3. Analice un conjunto de datos de muestra: filtre, agregue y resuma la información.
4. Desafío: unir dos CSV (por ejemplo, clientes y pedidos) y encontrar a los principales compradores.

Resumen de errores comunes: omitir lo básico, ignorar la depuración, complicar demasiado el código.

Esta introducción establece su hoja de ruta: continúe con el Capítulo 1 para conocer los fundamentos de Python.

Capítulo 1

Fundamentos de Python con ejemplos: Construyendo tu base

Bienvenido al primer capítulo práctico. Aquí, desarrollaremos tus fundamentos de Python desde cero, usando ejemplos claros y reales que reflejan los conceptos de SQL que ya conoces. Al finalizar, podrás escribir código Python, importar datos a Pandas, explorarlos como una tabla SQL y configurar tu primer DataFrame a partir de un conjunto de datos que se asemeja a una tabla de base de datos. Todo se explica en un lenguaje sencillo; no se requiere experiencia previa en programación más allá de SQL básico.

Piense en este capítulo como su**"¡Hola Mundo!"**en la manipulación de datos con Python. Avanzaremos paso a paso: desde la sintaxis básica hasta la carga e inspección de datos. Cada sección incluye**explicaciones**,**ejemplos de código**,**aplicaciones del mundo real**,**pasos prácticos**,**consejos**, y **Errores comunes a evitar**.

Introducción a Python: conceptos básicos de sintaxis y estructuras de datos

Python es un lenguaje de programación legible y fácil de usar para principiantes. A diferencia de SQL, que es declarativo (se dice*qué*Si quieres, Python es imperativo: le dices a la computadora*cómo*para hacerlo, paso a paso.

Empecemos con lo básico.

Reglas de sintaxis básicas

1. **Sin punto y coma**– Finalizar líneas con una nueva línea (presione Enter).
2. **La sangría importa**– Utilice 4 espacios (no tabulaciones) para definir bloques de código.
3. **Comentarios**– Utilice # para comentarios de una sola línea.
4. **Variables**No es necesario declarar tipos. Simplemente asigne: x = 5

pitón

```
# Esto es un comentario
nombre ="Alicia"      # Cadena
edad =30# Entero
salario =55000.50     # Flotar
es_administrador= Verdadero# Booleano
```

Tipos de datos básicos (como los tipos de columnas de SQL)

Tipo de Python	Equivalente de SQL	Ejemplo
entero	ENTERO	cuenta = 100
flotar	DECIMAL	precio = 19,99
cadena	VARCHAR	ciudad = "Nueva York"

bool	BIT / BOOLEAN	activo = Verdadero
Ninguno	NULO	segundo_nombre = Ninguno

Operaciones básicas

pitón
```
# Matemáticas (como expresiones SQL)
total =100+50
descuento = total *0.1
final= total - descuento

# Concatenación de cadenas
saludo = "Hola, "+ nombre +"¡!"

# Comparación (como DÓNDE)
es_adulto= edad >=18
```

Flujo de control: si, para, mientras

pitón
```
si edad >=18:
   estado ="Adulto"
demás:
   estado = "Menor"

# Recorrer los números del 1 al 5
para i en rango(1,6):
   imprimir(i)

# Recorrer una lista
productos=["Computadora portátil","Ratón","Teclado"]
para artículo enproductos:
   imprimir("Artículo:", artículo)
```

Estructuras de datos: listas, diccionarios, tuplas

Estructura	Como en SQL	Ejemplo
Lista	Matriz de valores	puntuaciones = [85, 90, 78]
Diccionario	Tabla de clave-valor	empleado = {"id": 1, "nombre": "Bob", "departamento": "TI"}
Tupla	Fila fija	punto = (10, 20)

pitón

```
# Lista: ordenada, mutable
frutas=["manzana","banana","cereza"]
frutas.append("naranja")
imprimir(frutas[0])# manzana (¡indexado 0!)

# Diccionario: pares clave-valor (como una fila en una tabla)
cliente ={
   "identificación":101,
   "nombre":"Emma",
   "ciudad":"Seattle",
"compras":5
}
imprimir(cliente["nombre"])#Emma
```

Aplicación en el mundo real

Imagina que eres el gerente de una tienda y extraes las ventas diarias de una tabla SQL. En lugar de esperar un informe, usas Python para:

- Almacenar los nombres de los productos en un**lista**
- Realizar un seguimiento del inventario en un**diccionario**

- Calcula descuentos con**operaciones matemáticas**
- Automatizar correos electrónicos usando**cadenas y condicionales**

Pasos prácticos

1. Abra su entorno Python (VS Code, Jupyter o terminal).
2. Crea un archivo basics.py.
3. Escriba y ejecute este código:

```
pitón
#basics.py
nombre ="María"
edad =28
productos=["Bolígrafo","Computadora portátil","Etiqueta engomada"]
inventario ={"Bolígrafo":50,"Computadora portátil":30}

si inventario["Bolígrafo"]>20:
  imprimir(F"{nombre}"tiene suficientes bolígrafos en stock.")
demás:
  imprimir("¡Pide más bolígrafos!")

para artículo enproductos:
  imprimir("Venta:", artículo)
```

4. Ejecutar: python basics.py

Consejos

- Usar **nombres de variables significativos**: ventas_totales > ts
- Siempre **guardar antes de ejecutar**
- Usar **imprimir()**para depurar

Errores comunes que se deben evitar

- **Olvidando los dos puntos**después si, para, def
- **Mezcla de tabulaciones y espacios**→ provoca un error de sangría
- **Usando single = para comparación**(usar ==)
- **Accediendo al índice de lista fuera de rango**:frutas[10] se bloquea

---

Introducción a Pandas: DataFrames, Series e Importación de Datos (Como Tablas SQL)

Ahora te presentamos**Pandas**—la biblioteca que aporta potencia similar a SQL a Python.

Pandas = Excel + SQL dentro de Python

¿Qué es Pandas?

- **Serie**:Una sola columna (como una columna de SQL o una columna de Excel)
- **Marco de datos**:Una tabla (como una tabla SQL o una hoja de Excel)

pitón

```
importarpandascomopd

# Serie (una columna)
edades=pd.Serie([25,30,35,40],nombre="Edad")
imprimir(siglos)

# DataFrame (tabla)
datos ={
```

```
    "Nombre":["Pero","Bella","Carlos"],
    "Edad":[25,30,35],
    "Ciudad":["Dubái","El Cairo","Cinco"]
}
df=pd.DataFrame(datos)
imprimir(df)
```

Producción:

```
texto
Nombre Edad Ciudad
0 Ali 25 Dubái
1 Bella 30 El Cairo
2  Carlos  35   Lima
```

Conceptos clave de Pandas

Pandas	Equivalente de SQL
Marco de datos	Mesa
Serie	Columna
df.cabeza( )	SELECCIONA LOS 5 MEJORES
columnas df	Nombres de columnas
índice df	Etiquetas de fila (como la clave principal)
df.forma	Información de filas/conteos

Importar datos (como cargar una tabla SQL)

Los pandas pueden leer:

- CSV (pd.read_csv)
- Excel (pd.read_excel)
- JSON (pd.read_json)
- Bases de datos SQL (pd.read_sql)

pitón

```
# Simulación de una tabla SQL guardada como CSV
df=pd.read_csv("clientes.csv")
```

Usaremos esto a lo largo del libro.

Aplicación en el mundo real

Un analista de datos recibe diariamente una exportación CSV de una base de datos SQL. En lugar de abrir Excel,:

- Cargarlo con pd.read_csv()
- Inspeccionar la estructura con df.info()
- Comience el análisis al instante

Pasos prácticos

1. Instalar Pandas (si no lo has hecho):
   golpe
   ```
   pepitainstalar pandas
   ```

2. Cree un archivo CSV de muestra empleados.csv:

csv

```
identificación,nombre,departamento,salario
1,John,HORA,50000
2,Jane,Ventas,60000
3,Solo,ÉL,75000
4,Lisa,ÉL,80000
```

3. Ejecute este código:

pitón
```
importarpandascomopd

df=pd.read_csv("empleados.csv")
imprimir(df)
imprimir("\norteTipos de datos:\norte", df.dtypes)
imprimir("\norteForma:", df.forma)
```

Consejos

- Siempre **comprobar df.dtypes**después de cargar
- Usar **rutas relativas**para archivos en la misma carpeta
- Guardar archivos CSV con**Codificación UTF-8**para evitar problemas de carácter

Errores comunes

- **Archivo no encontrado**:Ruta incorrecta o error tipográfico en el nombre del archivo
- **Importación faltante**:Olvidar importar pandas como pd
- **Delimitador incorrecto**: CSV con ; → usar pd.read_csv(..., sep=';')

Lectura y exploración de datos: carga de archivos CSV e inspecciones básicas

Ahora que los datos están cargados, vamos a...**explorar**es como ejecutar SELECT * FROM table LIMIT 10 en SQL.

Comandos de exploración esenciales

Dominio	Objetivo	Equivalente de SQL
df.cabeza (n)	Primeras n filas	SELECCIONAR TOP n
df.tail(n)	Últimas n filas	SELECCIONAR ABAJO n
df.muestra(n)	n filas aleatorias	Muestreo aleatorio
df.info()	Estructura, tipos, valores nulos	Tabla DESCRIBIR
df.describe()	Estadísticas resumidas	CONTAR, PROMEDIO, MÍN, MÁX
columnas df	Nombres de columnas	ESQUEMA DE INFORMACIÓN
df.forma	(filas, columnas)	SELECCIONAR CUENTA(*)

Ejemplo: Explorando sales.csv

Supongamos este CSV:

```csv
id del pedido,id_del_cliente,producto,cantidad,fecha
101,1,Computadora portátil,1200,05-01-2025
102,2,Ratón,25,6 de enero de 2025
103,1,Teclado,75,7 de enero de 2025
```

```
104,3,Monitor,300,08-01-2025
```

pitón

```
importarpandascomopd

df=pd.read_csv("ventas.csv")

imprimir("Primeras 3 filas:")
imprimir(df.cabeza(3))

imprimir("\norteÚltimas 2 filas:")
imprimir(df.cola(2))

imprimir("\norteMuestra aleatoria:")
imprimir(df.muestra(2))

imprimir("\norteEstructura:")
imprimir(df.info())

imprimir("\norteEstadísticas resumidas:")
imprimir(df.describe())
```

Aspectos destacados de la salida

texto

```
Estructura:
<clase 'pandas.core.frame.DataFrame'>
Índice de rango: 4 entradas, de 0 a 3
Columnas de datos (5 columnas en total):
# Columna Conteo no nulo Dtype
--- ------ ------------- -----
0 order_id 4 int64 no nulo
1 customer_id 4 int64 no nulo
2 producto 4 objeto no nulo
3 cantidad 4 int64 no nulo
4 fecha 4 objeto no nulo
tipos de datos: int64(3), objeto(2)

Estadísticas resumidas:
id_del_pedido id_del_cliente importe
```

cuenta 4.00 4.00 4.00
media 102,50 1,75 400,00
mín. 101,00 1,00 25,00
máximo 104.00 3.00 1200.00

Aplicación en el mundo real

Un analista de negocios recibe una exportación de ventas de 1 millón de filas. Ellos:

- Utilice head() para verificar el formato
- Comprobar info() para ver si faltan valores
- Utilice describe() para detectar valores atípicos (por ejemplo, una venta de $1 millón en un conjunto de datos con un promedio de $100)

Pasos prácticos

1. Descargue o cree el archivo sales.csv arriba.
2. Ejecute el código de exploración.
3. Agregue esta línea para analizar las fechas:
   pitón
   ```
   df['fecha']=pd.hasta_fecha_hora(df['fecha'])
   ```
4. Vuelva a ejecutar df.info()—ver fecha ahora datetime64

Consejos

- Utilice df.sample(5) cuando los datos sean grandes (más rápido que head())
- Convierta siempre cadenas de fecha con pd.to_datetime()
- Utilice include='O' en describe() para resumir el texto: df.describe(include='O')

Errores comunes

- **Tratar las fechas como cadenas**→ no se puede ordenar ni filtrar por mes
- **Ignorando los valores nulos**→ df.info() muestra un recuento no nulo
- **Ejecutar en un conjunto de datos completo innecesariamente**→ usa .head() primero

---

Ejercicio práctico: Configure su primer DataFrame de Pandas a partir de un conjunto de datos de muestra similar a SQL

Vamos a ponerlo todo junto.

Conjunto de datos: online_retail.csv

Esto imita una tabla SQL de una base de datos de comercio electrónico.

```csv
FacturaNo,Código de stock,Descripción,Cantidad,Fecha de factura,Precio unitario,ID de cliente,País
536365,85123A,PORTAVELAS COLGANTE DE CORAZÓN BLANCO,6,01/12/2010 08:26:00,2.55,17850,Reino Unido
536365,71053,LINTERNA DE METAL BLANCO,6,01/12/2010 08:26:00,3.39,17850,Reino Unido
536365,84406B,PERCHA DE CORAZONES DE CUPIDO COLOR CREMA,8,01/12/2010 08:26:00,2,75,17850,Reino Unido
536366,22633,CALENTADOR DE MANOS UNION JACK,6,01/12/2010 08:28:00,1.85,17850,Reino Unido
```

Descargue esto desde Conjunto de datos de venta minorista en línea de UCIo crear una versión pequeña.

Tu tarea

1. Guarde el CSV en la carpeta de su proyecto.
2. Escriba un script explore_retail.py:

pitón
```
importarpandascomopd

# Paso 1: Cargar datos
df=pd.read_csv("venta_minorista_en_línea.csv")

# Paso 2: Arreglar la columna de fecha
df['Fecha de factura']=pd.hasta_fecha_hora(df['Fecha de
factura'])

# Paso 3: Exploración básica
imprimir("=== Información del marco de datos ===")
imprimir(df.info())

imprimir("\norte=== Primeras 5 filas ===")
imprimir(df.cabeza())

imprimir("\norte=== Resumen de estadísticas ===")
imprimir(df.describe())

imprimir("\norte=== Países únicos ===")
imprimir(df['País'].nunique(),"países")
imprimir(df['País'].único())

imprimir("\norte=== Ingresos totales (Cantidad * Precio unitario)
===")
df['Ganancia']=df['Cantidad']*df['Precio unitario']
imprimir(Ingresos totales: $, df['Ganancia'].suma())
```

3. Ejecute el script.

Resultado esperado (parcial)

texto
=== Información del marco de datos ===
<clase 'pandas.core.frame.DataFrame'>
Índice de rango: 4 entradas, de 0 a 3
Columnas de datos (8 columnas en total):
Columna Conteo no nulo Dtype
--- ------ -------------- -----
0 Factura n.° 4 int64 no nulo
1 StockCode 4 objeto no nulo
2 Descripción 4 objeto no nulo
3 Cantidad 4 int64 no nulo
4 Fecha de factura 4 fecha y hora no nulas64[ns]
5 UnitPrice 4 float64 no nulo
6 CustomerID 4 int64 no nulo
7 País 4 objeto no nulo
tipos de datos: datetime64[ns](1), float64(1), int64(3), object(3)

Ingresos totales: $ 68,22

Aplicación en el mundo real

Esto es **exactamente**Cómo los analistas inician cada proyecto:

- Cargar → Limpiar → Explorar → Analizar

Acabas de replicar un flujo de trabajo SQL:

SQL
SELECCIONAR * DESDE LÍMITE DE VENTA AL POR MENOR 5;
SELECCIONAR CUENTA(DISTINTO País) DE minorista;
SELECCIONAR SUMA(Cantidad*Precio unitario) DESDE venta al por menor;

Pasos prácticos

1. Complete el guión de arriba.
2. Modificarlo:
    - Agregar una columna Año = df['InvoiceDate'].dt.year
    - Filtrar solo Reino Unido: df_uk = df[df['Country'] == 'United Kingdom']
    - Guardar en nuevo CSV: df_uk.to_csv("uk_sales.csv", index=False)
3. Abra la salida en Excel para verificar.

Consejos

- Usar **.dt**accesor para fecha y hora: .dt.year, .dt.month
- Siempre **establecer índice=Falso**Al guardar para evitar columnas adicionales
- Usar **Cuaderno Jupyter**Para explorar: ejecutar células de forma interactiva

Errores comunes

- **Olvidar analizar las fechas**→ .dt falla
- **Modificando df original accidentalmente**→ usar .copy()
- **Archivos grandes**→ use nrows=1000 en read_csv para probar:
  pitón
  df=pd.read_csv("archivo grande.csv",filas=1000)

Resumen de las conclusiones clave

Ahora tienes un**Base sólida de Python y Pandas**:

1. **Conceptos básicos de Python**: variables, tipos de datos, listas, diccionarios, condicionales, bucles.
2. **Núcleo de Pandas**:Serie = columna, DataFrame = tabla.
3. **Carga de datos**:pd.read_csv() con análisis de ruta y fecha adecuados.
4. **Kit de herramientas de exploración**:
   - cabeza(), cola(), muestra()
   - información(), describe(), tipos de datos
   - nunique(), valor_cuenta()
5. **Primer flujo de trabajo**:Cargar → Inspeccionar → Transformar → Guardar.

Has pasado de**De cero a cargar y explorar datos reales similares a SQL**en Python.

Ejercicios de práctica y desafíos

Ejercicio 1: Calentamiento

Crear un DataFrame desde cero:
pitón
```
datos ={"Fruta":["Manzana","Banana"],"Precio":[1.0,0.5]}
```

- df=pd.DataFrame(datos)

- Agregar una columna Cantidad = [10, 15]
- Calcular Total = Precio * Cantidad

Ejercicio 2: Cargar y explorar

- Descargue titanic.csv desde Kaggle.
- Cargalo y responde:
    1. ¿Cuántos pasajeros?
    2. ¿Edad promedio?
    3. ¿Tasa de supervivencia por género?

Ejercicio 3: SQL a Python (Vista previa)

Traducir este SQL:

```
SQL
SELECCIONAR País, CONTAR(*)comoPedidos,
SUMA(Cantidad*Precio unitario)como Ganancia
DESDE el comercio minorista
DÓNDE País!='Reino Unido'
GRUPO POR País
ORDEN POR Ganancia DESCRIPCIÓN
LÍMITE5;
```

→ Escribe en Pandas (dominarás esto en el Capítulo 5).

Desafío: Construir un mini tablero de instrumentos

- Cargar online_retail.csv
- Calcular:
    - Ingresos totales
    - Los 5 mejores productos por cantidad
    - Tendencia de ingresos mensuales
- Guardar resultados en dashboard.csv

Estás listo para el Capítulo 2: Traducción de consultas SQL básicas.

Mantén este patrón:

> **Leer → Código → Ejecutar → Modificar → Aplicar**

Tu viaje hacia el dominio de los datos ha comenzado oficialmente.

Capítulo 2

Traducción de consultas SQL básicas: SELECT, LIMIT y DISTINCT

En este capítulo, aprenderá a traducir las operaciones SQL más comunes (SELECT, LIMIT y DISTINCT) a Python usando**Pandas**Estos son los pilares de la recuperación de datos, al igual que en SQL. Comenzaremos con conceptos sencillos y gradualmente iremos aumentando la complejidad, utilizando ejemplos claros, aplicaciones reales y código paso a paso que puede ejecutar inmediatamente.

Piense en este capítulo como su**Traductor de SQL a Python**Al finalizar, podrás:

- Recuperar filas y columnas específicas (como SELECT)
- Resultados límite (como LIMIT)
- Eliminar duplicados (como DISTINCT)
- Combine estos para extraer información significativa de conjuntos de datos reales

Usaremos un**conjunto de datos de ventas**En su totalidad, imita una tabla SQL que consultarías en una base de datos. Todo el código está probado, es fácil de usar e incluye**consejos**,**errores comunes**, y **desafíos prácticos**.

SQL SELECT en Python: Recuperación de datos con Pandas Head y Tail

Concepto central

En SQL, SELECT recupera datos de una tabla:

```
SQL
SELECCIONAR *DE ventas;
SELECCIONAR producto, importe DE ventas;
```

En Pandas, una**Marco de datos**(df) es tu tabla. Recuperas los datos usando:

- df.head() → primeras filas
- df.tail() → últimas filas
- df[['col1', 'col2']] → columnas específicas
- df → tabla completa

Ejemplos sencillos

```
pitón
importarpandascomopd

# Cargar datos de ventas de muestra
df=pd.read_csv("ventas.csv")

# SQL: SELECCIONAR * FROM ventas LÍMITE 5;
imprimir(df.cabeza())

# SQL: SELECT * FROM ventas LIMIT 3; (últimos 3)
imprimir(df.cola(3))

# SQL: SELECT producto, importe FROM ventas;
imprimir(df[['producto','cantidad']])
```

Ejemplo de sales.csv:

csv
id del pedido,id_del_cliente,producto,*cantidad,*fecha,región
101,1,Computadora portátil,*1200,*05-01-2025,Norte
102,2,Ratón,*25,*6 de enero de 2025,Sur
103,1,Teclado,*75,*2025-01-07,Norte
104,3,Monitor,*300,*8 de enero de 2025,Oeste
105,2,Ratón,*25,*2025-01-09,Sur

Salida de df.head():

texto
id_pedido id_cliente producto importe fecha región
0 101 1 Laptop 1200 2025-01-05 Norte
1 102 2 Ratón 25 2025-01-06 Sur
2 103 1 Teclado 75 2025-01-07 Norte
3 104 3 Monitor 300 2025-01-08 Oeste
4 105 2 Ratón 25 2025-01-09 Sur

Aplicación en el mundo real

A **gerente de ventas**Necesita un vistazo rápido a las transacciones recientes. En lugar de ejecutar una consulta SQL y exportar a Excel, hacen lo siguiente:

- Cargar el CSV en Python
- Utilice df.tail(10) para ver los últimos 10 pedidos
- Seleccione solo el producto y el monto para centrarse en los elementos de ingresos

Pasos prácticos

1. Crea sales.csv con los datos anteriores.

2. Ejecute este código en un cuaderno Jupyter o en un archivo .py:

pitón

```
importarpandascomopd
df=pd.read_csv("ventas.csv")
imprimir("Primeros 3 pedidos:")
imprimir(df.cabeza(3))
imprimir("\norteÚltimos 2 pedidos:")
imprimir(df.cola(2))
imprimir("\norteSolo producto y cantidad:")
imprimir(df[['producto','cantidad']])
```

3. Modificar: Seleccionar order_id, fecha, región.

Consejos

- Usar **corchetes dobles**[[]] para múltiples columnas
- Métodos de cadena: df[['producto', 'cantidad']].head()
- Utilice df.sample(5) para obtener una vista previa aleatoria

Errores comunes

- df['producto', 'cantidad'] →**Error**(use lista: ['producto', 'cantidad'])
- Olvidando .head() → imprime**todas las filas**(lento con datos grandes)
- df.head → missing() → devuelve la función, no los datos

Limitación de resultados: desde SQL LIMIT hasta Pandas Slicing y Nsmallest/Nlargest

Concepto central

SQL LIMIT controla cuántas filas devuelve:

```
SQL
SELECCIONAR *DESDE EL LÍMITE DE VENTAS5;
SELECCIONAR *DE ORDEN DE VENTAPOR cantidad
DESCRIPCIÓNLÍMITE3;
```

En Pandas:

- **Rebanar**: df[inicio:fin] → filas por posición
- **.cabeza(n) / .cola(n)**→ arriba/abajo n
- **.nlargest(n, 'col')**→ arriba n por columna
- **.nsmallest(n, 'col')**→ abajo n

Ejemplos

```
pitón
# SQL: SELECCIONAR * FROM ventas LÍMITE 2;
imprimir(df[:2])# o df.head(2)

# SQL: SELECT * FROM ventas ORDER BY cantidad DESC
LIMIT 3;
imprimir(df.nmás grande(3,'cantidad'))

# SQL: SELECT * FROM ventas ORDER BY importe ASC
LIMIT 2;
imprimir(df.nmás pequeño(2,'cantidad'))

# Segmentación: filas 1 a 3 (indexadas en 0, final exclusivo)
imprimir(df[1:4])
```

Salida de nlargest:

```
texto
id_pedido id_cliente producto importe fecha región
0 101 1 Laptop 1200 2025-01-05 Norte
3 104 3 Monitor 300 2025-01-08 Oeste
2 103 1 Teclado 75 2025-01-07 Norte
```

Aplicación en el mundo real

A **gerente de producto** quiere:

- Los 5 pedidos de mayor valor → nlargest(5, 'amount')
- Los 10 artículos más baratos vendidos → nsmallest(10, 'cantidad')
- Últimos 7 días de datos → df.tail(7)

Esto ayuda a identificar clientes premium y productos de bajo margen.

Pasos prácticos

1. Agregue más filas a sales.csv (más de 10 pedidos).
2. Correr:

```
pitón
# Los 3 pedidos más caros
imprimir(Los 3 mejores por cantidad:)
imprimir(df.nmás
grande(3,'cantidad')[['producto','cantidad','id_del_cliente']])

# Los 2 más baratos
imprimir("\norteLos más baratos 2:")
imprimir(df.nmás pequeño(2,'cantidad'))

# Filas 2 a 5
```

imprimir("\norteFilas 2-5:")
imprimir(df[2:6])

Ordenar explícitamente:
pitón
df_ordenado=df.sort_values('cantidad',ascendente=FALSO)

3. imprimir(df_sorted.cabeza(3))

Consejos

- Utilice nlargest para**actuación**en datos grandes (más rápido que sort + head)
- Combinar con selección de columna: df.nlargest(3, 'cantidad')[['producto']]
- Restablecer el índice después de cortar: .reset_index(drop=True)

Errores comunes

- df[0] →**columna**, no fila → use df.iloc[0] para fila
- df.nlargest(3, 'cantidad') en no numérico → convertir: pd.to_numeric()
- Olvidando ascendente=Falso en sort_values para DESC

Eliminación de duplicados: SQL DISTINCT vs. Pandas Drop Duplicates

Concepto central

SQL DISTINCT elimina filas duplicadas:

SQL
SELECCIONE producto DISTINTO DE ventas;
SELECCIONAR región DISTINTA, producto DE ventas;

En Pandas:

- df['col'].unique() → valores únicos en una columna
- df[['col1', 'col2']].drop_duplicates() → combinaciones únicas
- df.drop_duplicates(subset=['col']) → deduplicación de fila completa

Ejemplos

pitón

```
# SQL: SELECT DISTINCT producto FROM ventas;
imprimir("Productos únicos:")
imprimir(df['producto'].único())

# SQL: SELECCIONAR DISTINCT región DE ventas;
imprimir("\norteRegiones únicas:")
imprimir(df['región'].único())

# SQL: SELECT DISTINCT región, producto FROM ventas;
imprimir("\nortePares únicos región-producto:")
imprimir(df[['región','producto']].drop_duplicates())

# Eliminar filas duplicadas completas
imprimir("\norteDataFrame sin filas duplicadas:")
imprimir(df.drop_duplicates())
```

Producción:

texto

```
Productos únicos:
['Portátil' 'Ratón' 'Teclado' 'Monitor']

Pares únicos región-producto:
producto de región
0 North Laptop
1 Ratón del Sur
2 Teclado del Norte
3 Monitor Oeste
```

Aplicación en el mundo real

A **limpiador de datos**Recibe datos de exportación desordenados con:

- El mismo pedido se ingresó dos veces
- Entradas de clientes duplicadas

Utilizan drop_duplicates() para limpiar antes del análisis, lo que garantiza agregados precisos.

Pasos prácticos

1. Modificar sales.csv para incluir duplicados:

```csv
id del pedido,id_del_cliente,producto,cantidad,fecha,región
101,1,Computadora portátil,1200,05-01-2025,Norte
102,2,Ratón,25,6 de enero de 2025,Sur
102,2,Ratón,25,6 de enero de 2025,Sur # duplicado
103,1,Teclado,75,2025-01-07,Norte
```

2. Correr:

```pitón
imprimir("Antes de la deduplicación:")
imprimir(df.forma)
```

```
df_clean=df.drop_duplicates()
imprimir("\norteDespués:")
imprimir(df_clean.shape)
imprimir(df_clean)

# Mantener solo pares únicos de cliente-región
imprimir("\norteClientes únicos por región:")
imprimir(df[['id_del_cliente','región']].drop_duplicates())
```

Consejos

- Utilice subset= para deduplicar en columnas específicas
- keep='first' (predeterminado), 'last' o False (eliminar todos los duplicados)
- Cadena: df.drop_duplicates().reset_index(drop=True)

Errores comunes

- df.unique() →**Error de atributo**→ usa df['col'].unique()
- Olvidar subconjunto → elimina filas solo si**todas las columnas** fósforo
- Modificar original → siempre asignar: df = df.drop_duplicates()

Aplicación práctica: Consulta de un conjunto de datos de ventas para extraer las entradas principales

Combinemos todo en un**miniproyecto del mundo real**.

Guión

Eres un**analista de ventas**Tu jefe quiere:

1. Los 5 pedidos más caros
2. Productos únicos vendidos en cada región
3. Últimos 3 pedidos de la región "Norte"
4. Conjunto de datos limpio (sin duplicados)

Solución de código completo

pitón

```
importarpandascomopd

# Cargar y limpiar
df=pd.read_csv("ventas.csv")
df=df.drop_duplicates().reset_index(gota=Verdadero)

imprimir("=== DATOS LIMPIOS ===")
imprimir(df)
imprimir(F"Total de pedidos:{solo(df)}")

# 1. Top 5 por cantidad
imprimir("\norte=== LOS 5 PEDIDOS MÁS PEDIDOS ===")
los 5
mejores=df.nlargest(5,'cantidad')[['id_del_pedido','producto','can
tidad','id_del_cliente']]
imprimir(los 5 mejores)

# 2. Productos únicos por región
imprimir("\norte=== PRODUCTOS POR REGIÓN ===")
productos_de_la_región=df.groupby('región')['producto'].único()
pararegión, productosenregión_productos.items():
   imprimir(F"{región}:{', '.join(productos)}")

# 3. Últimos 3 pedidos en el Norte
imprimir("\norte=== LOS ÚLTIMOS 3 EN EL NORTE ===")
```

```
df['fecha']=pd.hasta_fecha_hora(df['fecha'])
norte_df=df[df['región']== 'Norte']
último_norte=norte_df.sort_values('fecha',ascendente=FALSO).
cabeza(3)
imprimir(último_norte[['id_del_pedido','producto','fecha']])

# Guardar limpio + insights
top5.to_csv("top5_orders.csv",índice=FALSO)
imprimir("\norteGuardado: top5_orders.csv)
```

Aspectos destacados de la salida

```
texto
=== LOS 5 PEDIDOS MÁS PEDIDOS ===
id_pedido cantidad_producto id_cliente
0 101 Portátil 1200 1
3 104 Monitor 300 3
2 103 Teclado 75 1

=== PRODUCTOS POR REGIÓN ===
Norte: Laptop, Teclado
Sur: Ratón
Oeste: Monitor
```

Aplicación en el mundo real

Este script puede ser**programado diariamente**(usando cron o Programador de tareas) para:

- Extraer las últimas ventas
- Generar informe de alto rendimiento
- Correo electrónico a la gerencia

Pasos prácticos

1. Amplíe sales.csv con más de 20 filas.
2. Ejecute el script completo.
3. Modificar:

- Agregar la columna customer_name
- Encuentre a los mejores clientes por gasto total
- Exportar resumen de la región a Excel

Desafíos de código: Escriba y depure sus primeras traducciones de SQL a Python

Desafío 1: SELECT y LIMIT básicos

SQL:

```
SQL
SELECCIONAR producto, cantidad
DESDE ventas
ORDEN POR cantidad DESCRIPCIÓN
LÍMITE4;
```

Tu tarea: Escribe en Pandas.

Solución:

```
pitón
df[['producto','cantidad']].sort_values('cantidad',ascendente=FALSO).cabeza(4)
```

Desafío 2: DISTINCT con múltiples columnas

SQL:

```
SQL
```

```
SELECCIONAR región DISTINTA, customer_id
DESDE ventas
DONDE cantidad>50;
```

Tu tarea: Traducir.

Solución:

```
pitón
df[df['cantidad']>50][['región','id_del_cliente']].drop_duplicates()
```

Desafío 3: Los N mejores por grupo (Vista previa de GROUP BY)

SQL:

```
SQL
SELECCIONAR región, MAX(cantidad)comoventa máxima
DESDE ventas
GRUPO POR región;
```

Tu tarea: Obtenga región y su mayor venta.

Solución:

```
pitón
df.groupby('región')['cantidad'].máx()
# O con producto:
df.loc[df.groupby('región')['cantidad'].idxmax()][['región','product
o','cantidad']]
```

Desafío 4: Depurar este código

```
pitón
imprimir(df.nmás grande(3, cantidad)) # ¿Error?
```

Arreglar:

pitón

```
imprimir(df.nmás grande(3,'cantidad'))
```

Desafío 5: Miniproyecto

Escribe una función:

pitón

```
definiciónresumen de ventas(df,región=Ninguno,superior_n=3):
"""
Devuelve los N pedidos principales, opcionalmente filtrados por
región.
"""
    si región:
df=df[df['región']== región]

devolverdf.nlargest(superior_n,'cantidad')[['producto','cantidad']]
```

Prueba:

pitón

```
imprimir(resumen_de_ventas(df,"Norte",2))
```

Resumen de las conclusiones clave

SQL	Equivalente de Pandas
SELECCIONAR * DE la tabla LÍMITE 5	df.cabeza(5)
SELECCIONAR col1, col2	df[['col1', 'col2']]

ORDENAR POR col DESC LÍMITE n	df.nlargest(n, 'col')
ORDENAR POR col ASC LÍMITE n	df.nsmallest(n, 'col')
SELECCIONAR columna DISTINTA	df['col'].unique()
SELECCIONAR DISTINTO col1, col2	df[['col1','col2']].drop_duplicates()

Ya lo has dominado**recuperación de datos**en Pandas:

- Ver cualquier subconjunto de datos
- Limitar y clasificar los resultados
- Eliminar duplicados
- Crear scripts de análisis reutilizables

Ejercicios de práctica y desafíos

Ejercicio 1: Ejercicios rápidos

1. Cargar sales.csv
2. Mostrar las primeras 7 filas
3. Mostrar los últimos 4 pedidos
4. Lista de customer_id únicos
5. Los 2 pedidos principales por región

Ejercicio 2: Tabla de traducción SQL

SQL	Pandas

SELECCIONAR región DEL LÍMITE DE VENTAS 1;	df['región'].iloc[0]
SELECCIONAR * DE ventas DONDE monto < 100 LÍMITE 3;	df[df['cantidad'] < 100].head(3)
SELECCIONAR CONTAR(producto DISTINTO) DE ventas;	df['producto'].nunique()

Complete 5 más.

Ejercicio 3: Crear un generador de informes

Escriba un script report.py que:

- Carga datos
- Elimina duplicados
- Huellas dactilares:
    - Productos totalmente únicos
    - Las 3 principales regiones por número de pedidos
    - Pedido más reciente
- Guarda los 10 pedidos principales en CSV

Desafío: Prueba de rendimiento

Mida estos tiempos en 100K filas:

pitón
```
%tiempodf.head(1000)
%tiempodf.nlargest(1000,'cantidad')
```

→ Descubra por qué nlargest es más rápido.

Siguiente capítulo: Filtrado con WHERE → Indexación booleana en Pandas

Ahora hablas**SQL básico en Python**Sigue practicando: estos patrones se repiten en cada tarea de datos.

Capítulo 3

Filtrado de datos como un profesional: cláusulas y condiciones WHERE

El filtrado es fundamental en el análisis de datos. En SQL, se usa WHERE para restringir los resultados. En Python con Pandas, se usa**indexación booleana**Una forma potente e intuitiva de conservar solo las filas que desea. Este capítulo le enseña a traducir cada cláusula WHERE común a código Pandas limpio y eficiente.

Al finalizar, podrás:

- Filtrar con una o varias condiciones
- Verificar membresía (IN, NOT IN)
- Manejar datos faltantes (NULL)
- Construir una**proyecto de segmentación de marketing real**

Usaremos un**conjunto de datos de clientes**En general, como una tabla de clientes de SQL. Todo el código está probado, es fácil de usar e incluye**casos de uso del mundo real**,**pasos prácticos**,**consejos**, y **errores comunes**.

Filtrado de condición única: SQL WHERE es igual a la indexación booleana de Pandas

Concepto central

En SQL:

SQL
```
SELECCIONAR *DE clientes DONDE edad>30;
```

En Pandas, creas un**máscara booleana**—una serie de Verdadero/Falso—luego úselo dentro de [ ]:

pitón
```
mascarilla =df['edad']>30
filtrado=df[máscara]
```

O en una línea:

pitón
```
df[df['edad']>30]
```

Conjunto de datos de ejemplo: clientes.csv

csv
```
id_del_cliente,nombre,edad,ciudad,gastar,fecha de registro,última compra
1,Alicia,28,Nueva York,450,15-01-2024,10 de marzo de 2025
2,Chelín,35,Chicago,1200,2023-06-20,08-03-2025
3,Villancico,42,Los Angeles,800,5 de noviembre de 2023,28/02/2025
4,David,31,Nueva York,600,10/02/2024,12 de marzo de 2025
5,Víspera,29,Chicago,300,1 de julio de 2024,1 de marzo de 2025
```

6,Franco,38,*Houston,*950,15 de septiembre de 2023,09-03-2025

Ejemplos de código

pitón

```
importarpandascomopd

df=pd.read_csv("clientes.csv")
df['fecha_de_inscripción']=pd.hasta_fecha_hora(df['fecha_de_in
scripción'])
df['última compra']=pd.hasta_fecha_hora(df['última compra'])

# SQL: SELECT * FROM clientes WHERE edad > 30;
imprimir("Clientes mayores de 30 años:")
imprimir(df[df['edad']>30])

# SQL: SELECCIONAR nombre, gastar DE clientes DONDE
ciudad = 'Nueva York';
imprimir("\norteClientes de Nueva York: nombre y gasto:)
imprimir(df[df['ciudad']=='Nueva York'][['nombre','gastar']])

# SQL: SELECT * FROM clientes WHERE gastar >= 1000;
imprimir("\norteGrandes gastadores:")
imprimir(df[df['gastar']>=1000])
```

Producción (Grandes gastadores):

texto

```
customer_id nombre edad ciudad gasto fecha_de_registro
última_compra
1 2 Bob 35 Chicago 1200 2023-06-20 2025-03-08
```

Aplicación en el mundo real

A **equipo de marketing**Quieren dirigirse a clientes mayores de 35 años con un alto gasto. En lugar de exportar a Excel y filtrar manualmente, hacen lo siguiente:

- Ejecutar df[df['age'] > 35]
- Exportar a CSV para campañas de correo electrónico

Pasos prácticos

1. Crea clients.csv con los datos anteriores.
2. Ejecute el código en un cuaderno Jupyter.
3. Pruebe estos filtros:
   - df[df['ciudad'] == 'Chicago']
   - df[df['gasto'] < 500]
   - df[df['fecha_de_inscripción'].dt.año == 2024]

Consejos

- Siempre **selección de columnas de cadena**después del filtrado: df[cond][['col1', 'col2']]
- Usar **.Copiar()**si planeas modificar: filtered = df[df['age'] > 30].copy()
- Las máscaras booleanas son reutilizables: mask = df['age'] > 30; df[mask]

Errores comunes

- df['edad' > 30] →**Error de sintaxis** (desaparecido])
- df['age'] > 30 sin [ ] → devuelve máscara, no datos
- Comparar cadenas con = en lugar de ==
- Olvidar convertir fechas → df['signup_date'] > '2024' falla

Condiciones múltiples: SQL WHERE/AND traducido a Pandas & y | Operadores

Concepto central

SQL:

```
SQL
SELECCIONAR *DE los clientes
DONDE edad>30Y ciudad='Nueva York';
```

Pandas:

```
pitón
df[(df['edad']>30)&(df['ciudad']=='Nueva York')]
```

Usar:

- & → Y
- → O
- ~ → NO
- **Los paréntesis son obligatorios**

Ejemplos

```
pitón
# Y: edad > 30 Y gasto > 700
```

```
imprimir("Maduro + alto gasto:")
imprimir(df[(df['edad']>30)&(df['gastar']>700)])

# O: ciudad = 'Chicago' O 'Los Ángeles'
imprimir("\norteMedio Oeste o Costa Oeste:")
imprimir(df[(df['ciudad']=='Chicago')|(df['ciudad']== 'Los
Angeles')])

# NO: gastar < 1000 Y NO en Nueva York
imprimir("\norteGasto de nivel medio, no de Nueva York:")
imprimir(df[(df['gastar']<1000)& ~(df['ciudad']=='Nueva York')])
```

Aplicación en el mundo real

A **gerente de producto** quiere:

- Clientes en**Chicago**quien gastó**> $500**→ &
- O clientes en**Nueva York**menores de 30 →
- Excluir cuentas de prueba (nombre != 'Prueba')

Pasos prácticos

1. Ejecute este filtro combinado:

```
pitón
objetivo =df[
((df['ciudad']=='Chicago')&(df['gastar']>500))|
((df['ciudad']=='Nueva York')&(df['edad']<30))
]
imprimir(Segmento objetivo:)
imprimir(objetivo[['nombre','ciudad','edad','gastar']])
```

2. Guardar: target.to_csv("marketing_segment.csv", index=False)

Consejos

- **Utilice siempre paréntesis**alrededor de cada condición

Divida los filtros complejos en máscaras:
pitón
```
máscara1=(df['edad']>30)&(df['gastar']>800)
máscara2=df['ciudad'].isin(['Chicago','Houston'])
```

- df[máscara1|máscara2]

- Utilice .query() para facilitar la lectura (sintaxis alternativa):
  pitón
  ```
  df.query("edad > 30 y gasto > 700")
  ```

Errores comunes

- Usando y/o →**Error de valor** (usar & /)
- Olvidar los paréntesis → lógica incorrecta
- df['ciudad'] == 'A' | 'B' → difusiones → usar isin()

Comprobaciones de membresía: SQL IN y NOT IN como método isin() de Pandas

Concepto central

SQL:

SQL
```
SELECCIONAR *DE clientes DONDE
ciudadEN('Chicago','Nueva York');
SELECCIONAR *DE clientes DONDE ciudad NOEN('Houston');
```

Pandas:

pitón
```
df[df['ciudad'].isin(['Chicago','Nueva York'])]
df[~df['ciudad'].isin(['Houston'])]
```

Ejemplos

pitón
```
# IN: ciudad en Chicago, Nueva York o Los Ángeles
imprimir("Ciudades principales:")
imprimir(df[df['ciudad'].isin(['Chicago','Nueva York','Los Angeles'])])

# NO ESTÁ DENTRO: excluir Houston
imprimir("\norteNo en Houston:")
imprimir(df[~df['ciudad'].isin(['Houston'])])

#Combinar con el gasto
imprimir("\norteAlto gasto en las grandes ciudades:")
imprimir(df[df['ciudad'].isin(['Chicago','Nueva York'])&(df['gastar']>600)])
```

Aplicación en el mundo real

A **director regional de ventas** quiere:

- Todos los clientes en**Nordeste**(Nueva York, Boston)
- Excluir**ciudades de prueba**
- Concentrarse en **inscripciones recientes**

Pasos prácticos

1. Añade Boston a tus datos o imagínatelo.
2. Correr:

pitón

```
noreste=df[df['ciudad'].isin(['Nueva York','Bostón'])]
reciente
=noreste[noreste['fecha_de_inscripción']>='01-01-2024']
imprimir(reciente)
```

Consejos

- isin() funciona en**cualquier iterable**: lista, tupla, conjunto
- Cadena con ~ para NO EN
- Úselo con .str.contains() para una coincidencia parcial:
  pitón
  df[df['nombre'].str.contiene('ali|bob',caso=FALSO)]

Errores comunes

- df['city'] en [...] → comprueba si existe el nombre de la columna
- Olvidando ~ por NO EN
- Uso de isin en elementos que no son cadenas con distinción entre mayúsculas y minúsculas

---

Manejo de valores NULL y casos extremos: SQL IS NULL frente a Pandas isnull()

Concepto central

SQL:

SQL

```
SELECCIONAR *DE clientes DONDE última_compraES NULO;
SELECCIONAR *DE clientes DONDE última_compraES NO
NULO;
```

Pandas:

```
pitón
df[df['última compra'].isnull()]
df[df['última compra'].no nulo()]
```

O más corto:

```
pitón
df[df['última compra'].isna()]
df[df['última compra'].nota()]
```

Agregar valores NULL al conjunto de datos

Actualizar clientes.csv:

```
csv
7,Gracia,33,,550,10/05/2024,
```

→ La ciudad y la última compra están en blanco.

Ejemplos

```
pitón
# ES NULO: falta la última compra
imprimir("Sin compras recientes:")
imprimir(df[df['última compra'].es nulo()])

# NO ES NULO + alto gasto
imprimir("\norteGrandes gastadores activos:")
imprimir(df[df['última compra'].no nulo()&(df['gastar']>700)])

# Complete la ciudad que falta con 'Desconocido'
df['ciudad']=df['ciudad'].llenar('Desconocido')
```

```
imprimir("\norteDespués de llenar la ciudad:")
imprimir(df[df['ciudad']== 'Desconocido'])
```

Aplicación en el mundo real

A **equipo de prevención de abandono**banderas:

- Clientes con**No realizar compras en 90 días**
- O **falta información de contacto**

Usan isnull() para limpiar y priorizar el alcance.

Pasos prácticos

1. Agregar una fila con valores faltantes.
2. Correr:

pitón

```
# Clientes inactivos > 60 días
defecha y horaimportardelta de tiempo
corte=pd.Marca de tiempo('12-03-2025')-tiempodelta(días=60)
inactivo=df[
(df['última compra']<corte)|
(df['última compra'].es nulo())
]
imprimir("Clientes inactivos:")
imprimir(inactivo[['nombre','última compra']])
```

3. Eliminar filas con datos críticos faltantes:
   pitón
   ```
   df_clean=df.dropna(subconjunto=['última compra'])
   ```

Consejos

- Utilice df.isnull().sum() para contar los elementos faltantes por columna

- fillna() para imputación: df['spend'].fillna(0)
- dropna(how='all') para eliminar filas vacías

Errores comunes

- df['col'] == None → no funciona → usa isnull()
- Rellenar antes del análisis → sesga las estadísticas
- dropna() sin subconjunto → elimina demasiado

Proyecto práctico: Filtrar datos de clientes para obtener información de marketing específica

Objetivo del proyecto

Construir una**panel de segmentación de marketing**:

1. **Clientes VIP**: gastar > $800**y**activo en los últimos 30 días
2. **En riesgo**: gastar > $500**pero**No realizar ninguna compra en más de 60 días
3. **Nuevo de alto potencial**:se registró en 2024**y**gastar > $300
4. **Enfoque regional**:Chicago + Nueva York, excluyendo gastos bajos (<$400)

Exportar cada segmento a CSV.

Código completo

pitón

```
importarpandascomopd
```

```
defecha y horaimportardelta de tiempo

# Cargar y preparar
df=pd.read_csv("clientes.csv")
df['fecha_de_inscripción']=pd.hasta_fecha_hora(df['fecha_de_in
scripción'])
df['última compra']=pd.hasta_fecha_hora(df['última compra'])
hoy =pd.Marca de tiempo('12-03-2025')

# Limpiar: rellenar la ciudad que falta
df['ciudad']=df['ciudad'].llenar('Desconocido')

# Segmento 1: VIP
VIP=df[
(df['gastar']>800)&
(df['última compra']>= hoy -tiempodelta(días=30))
]
vip.to_csv("clientes_vip.csv",índice=FALSO)

# Segmento 2: En riesgo
en riesgo=df[
(df['gastar']>500)&
((df['última compra']< hoy -tiempodelta(días=60))|
df['última compra'].es nulo())
]
en_riesgo.a_csv("en_riesgo.csv",índice=FALSO)

# Segmento 3: Nuevos de alto potencial
nuevo_potencial=df[
(df['fecha de registro'].dt.año==2024)&
(df['gastar']>300)
]
nuevo_potencial.a_csv("nuevo_potencial.csv",índice=FALSO)

Segmento 4: Enfoque regional
regional=df[
df['ciudad'].isin(['Chicago','Nueva York'])&
(df['gastar']>=400)
]
regional.to_csv("enfoque_regional.csv",índice=FALSO)
```

```
# Resumen
imprimir(Segmentos de marketing creados:)
imprimir(F"VIP:{solo(personaje)}")
imprimir(F"En riesgo:{solo(en riesgo)}")
imprimir(F"Nuevo potencial:{solo(nuevo_potencial)}")
imprimir(F"Regional:{solo(regional)}")
```

Salida de muestra

texto

```
Segmentos de marketing creados:
VIP: 1
En riesgo: 0
Nuevo Potencial: 2
Regional: 2
```

Aplicación en el mundo real

Este script se ejecuta**semanalmente**. Equipo de marketing:

- Sube vip_customers.csv a la herramienta de correo electrónico
- Activa la campaña de recuperación para at_risk.csv
- Asigna representantes de ventas a regional_focus.csv

Pasos prácticos

1. Ampliar el conjunto de datos a más de 50 filas.
2. Ejecutar script completo.

Añadir visualización:

pitón

```
importarmatplotlib.pyplotcomoplt
segmentos=['PERSONAJE','En riesgo','Nuevo','Regional']
```

```
cuenta=[solo(vip),solo(en_riesgo),solo(nuevo_potencial),solo(re
gional)]
plt.bar(segmentos, recuentos)
plt.título(Segmentos de marketing)
```

3. plt.savefig("segmentos.png")

Resumen de las conclusiones clave

SQL	Pandas
DONDE edad > 30	df[df['edad'] > 30]
DONDE edad > 30 Y ciudad = 'NY'	df[(df['edad'] > 30) y (df['ciudad'] == 'NY')]
DONDE ciudad EN ('A', 'B')	df[df['ciudad'].isin(['A', 'B'])]
DONDE col ES NULO	df[df['col'].isnull()]
DONDE col NO ES NULO	df[df['col'].notnull()]

Ya lo has dominado**indexación booleana**:

- Condiciones únicas y múltiples
- &, , ~, isin(), isnull()
- Construyó un**canalización de segmentación lista para producción**

Ejercicios de práctica y desafíos

Ejercicio 1: Ejercicios de filtro

Traducir:

SQL
```
1. DÓNDE gastarENTRE500 Y 1000
2. DONDE ciudad NOEN('Houston','Desconocido') Y edad<35
3. DONDE última_compraES NULO Ofecha de
registro>'01-06-2024'
```

Soluciones:

pitón
```
1.df[df['gastar'].entre(500,1000)]
2.df[~df['ciudad'].isin(['Houston','Desconocido'])&(df['edad']<35)]
3.df[df['última compra'].es
nulo()|(df['fecha_de_inscripción']>'01-06-2024')]
```

Ejercicio 2: Construir una función de filtro

pitón
```
definiciónfiltro_clientes(df,gasto
mínimo=Ninguno,ciudades=Ninguno,edad máxima=Ninguno):
    mascarilla =pd.Serie([Verdadero]*solo(df))
    simin_spend: máscara&=df['gastar']>=gasto mínimo
    siciudades: máscara&=df['ciudad'].isin(ciudades)
    siedad máxima: máscara&=df['edad']<=edad máxima
    devolverdf[máscara]
```

Prueba: filter_customers(df, 600, ['Chicago'], 40)

Ejercicio 3: Puntuación de riesgo de abandono

Agregar columna:

pitón

```
df['días desde la compra']= (hoy -df['última compra']).dt.días
df['riesgo de abandono']=df['días desde la compra']>90
```

Desafío: Segmentación dinámica

Escriba un guión que:

- Toma la entrada del usuario (ciudad, gasto mínimo)
- Devuelve un CSV filtrado
- Los registros se cuentan en segment_log.txt

Capítulo siguiente: Agregación de datos: funciones GROUP BY y Resumen

Ahora filtras como un**datos ninja**Combine esto con el Capítulo 2 (SELECT, LIMIT) para crear consultas completas de estilo SQL en Python.

Capítulo 4

Agregación de datos: resumen con funciones SQL en Python

La agregación convierte los datos sin procesar en**información procesable**En SQL, se usan MIN, MAX, COUNT y AVG para resumir. En Pandas, se hace lo mismo (y más) con .describe(), .agg(), .nunique() y .value_counts(). Este capítulo enseña a traducir cada agregación de SQL a código Python rápido y legible.

Al finalizar, usted:

- Calcular estadísticas básicas como SQL COUNT, AVG, MIN, MAX
- Contar valores únicos (COUNT DISTINCT)
- Encuentra el elemento más frecuente (modo)
- Crear agregaciones personalizadas
- Ejecutar un**laboratorio completo de análisis de comercio electrónico**

Usaremos un**conjunto de datos de transacciones**(transactions.csv) que imita una tabla de pedidos de SQL. Todo el código está probado, es fácil de usar e incluye**casos de uso del mundo real**,**acciones paso a paso**,**consejos**, y **errores comunes**.

Agregaciones básicas: SQL MIN, MAX, COUNT y AVG en Pandas describe() y agg()

Concepto central

En SQL:

SQL
```
SELECCIONAR
  CONTAR(*)comopedidos_totales,
AVG(cantidad)comoventa promedio,
MIN(cantidad)comomás barato,
MAX(cantidad)comomás caro
DESDE transacciones;
```

En Pandas:

pitón
```
df['cantidad'].agg(['contar','significar','mínimo','máximo'])
```

O use .describe() para un resumen rápido.

Conjunto de datos de ejemplo: transacciones.csv

csv
```
id del
pedido,id_del_cliente,producto,cantidad,categoría,fecha,región
1001,1,Computadora
portátil,1200,Electrónica,05-01-2025,Norte
1002,2,Ratón,25,Accesorios,6 de enero de 2025,Sur
1003,1,Teclado,75,Accesorios,2025-01-07,Norte
1004,3,Monitor,300,Electrónica,8 de enero de 2025,Oeste
1005,2,Ratón,25,Accesorios,2025-01-09,Sur
1006,4,Cámara web,80,Electrónica,10/01/2025,Este
```

```
1007,1,Unidad USB,15,Accesorios,11-01-2025,Norte
```

Ejemplos de código

pitón

```
importarpandascomopd

df=pd.read_csv("transacciones.csv")
df['fecha']=pd.hasta_fecha_hora(df['fecha'])

# SQL: SELECT COUNT(*), AVG(cantidad), MIN(cantidad),
MAX(cantidad)
resumen =df['cantidad'].agg({
   'cantidad':['contar','significar','mínimo','máximo']
})
imprimir(Resumen básico:)
imprimir(resumen)

# Uso de describe() - una línea
imprimir("\norteSalida de .describe():")
imprimir(df['cantidad'].describir())
```

Producción:

texto

```
Resumen básico:
      cantidad
cuenta 7.00
media 245,71
mín. 15.00
máximo 1200.00

Salida de .describe():
cuenta 7.000000
media 245,714286
estándar 444.858689
mín. 15.000000
```

```
25% 25.000000
50% 75.000000
75% 300.000000
máximo 1200.000000
```

Varias columnas

pitón

```
# SQL: SELECT COUNT(id_pedido), AVG(cantidad),
MAX(fecha)
multi_agg=df.agg({
'id_del_pedido':'contar',
   'cantidad':['significar','suma'],
   'fecha':'máximo'
})
imprimir("\norteAgregado multicolumna:")
imprimir(multi_agg)
```

Aplicación en el mundo real

A **gerente de tienda**necesita un**panel diario**:

- Total de pedidos → recuento
- Tamaño promedio del ticket → media
- Venta más alta → máx.
- Ingresos → suma

Ejecutan este script todas las mañanas.

Pasos prácticos

1. Crea transacciones.csv con los datos.
2. Ejecute el código anterior.
3. Intentar:
   pitón
   ```
   df[['cantidad','id_del_pedido']].agg(['contar','significar','suma'])
   ```

Consejos

- Usar **agregación con nombre**en .agg() para mayor claridad
- .describe() incluye**cuartiles** y **desviación estándar**
- Cadena con .round(2) para una salida limpia

Errores comunes

- df.agg('mean') → funciona solo con números
- Olvidar seleccionar la columna → df.agg(['mean']) → prueba en todas las columnas
- count() incluye**No**, size() cuenta todas las filas

Conteo de únicos: SQL COUNT DISTINCT mediante Pandas nunique()

Concepto central

SQL:

SQL

```
SELECCIONAR CONTAR(DISTINCT customer_id) DE transacciones;
SELECT COUNT(DISTINCT producto) FROM transacciones;
```

Pandas:

pitón

```
df['id_del_cliente'].nunique()
df[['id_del_cliente','producto']].nunique()
```

Ejemplos

pitón

```
# Total de clientes únicos
imprimir("Clientes únicos:", df['id_del_cliente'].nunique())

# Productos únicos
imprimir("Productos únicos:", df['producto'].nunique())

# Único por columna
imprimir("\norteRecuento único por columna:")
imprimir(df[['id_del_cliente','producto','región']].nunique())
```

Producción:

texto

```
Clientes únicos: 4
Productos únicos: 6
Recuento único por columna:
ID de cliente 4
producto 6
región 4
```

Con filtrado

pitón

```
# SQL: SELECCIONAR COUNT(DISTINCT customer_id) DE
transacciones DONDE monto > 100;
clientes de alto
valor=df[df['cantidad']>100]['id_del_cliente'].nunique()
imprimir("Clientes únicos de alto valor:", clientes de alto valor)
```

Aplicación en el mundo real

A **analista de marketing** quiere:

- Cuántos **compradores únicos**por mes?
- Cuántos **productos distintos**¿Se vende en Electrónica?

pitón
df[df['categoría']=='Electrónica']['producto'].nunique()

Pasos prácticos

1. Agregue más de 20 filas a transactions.csv.

Correr:
pitón
únicos mensuales=df.agrupar
por(df['fecha'].dt.mes)['id_del_cliente'].nunique()

2. imprimir(únicas mensuales)

Consejos

- nunique(dropna=False) → cuenta NaN como único
- Usar con groupby para**único por grupo**
- value_counts() + count() → igual que nunique

Errores comunes

- len(df['col'].unique()) → más lento que nunique()
- df['col'].count() → cuenta los valores no nulos,**no único**
- Olvidar filtrar antes de nunique

Modo de cálculo: más allá de SQL: uso de recuentos de valores de

Pandas para el análisis de frecuencias

Concepto central

SQL no tiene MODE integrado. Necesita consultas complejas.

Pandas te da**modo** y **frecuencia**al instante:

pitón
```
df['producto'].modo()          # Más frecuente
df['producto'].valor_cuenta()# Tabla de frecuencias completa
```

Ejemplos

pitón
```
# Producto más común
imprimir("Producto más vendido:")
imprimir(df['producto'].modo()[0])

# Frecuencia completa
imprimir("\norteFrecuencia del producto:")
imprimir(df['producto'].valor_cuenta())

# Los 3 mejores productos
imprimir("\norteLos 3 mejores productos:")
imprimir(df['producto'].value_counts().cabeza(3))
```

Producción:

texto
```
Producto más vendido:
Ratón

Frecuencia del producto:
producto
```

Ratón 2
Portátil 1
Teclado 1
Monitor 1
Cámara web 1
Unidad USB 1

Los 3 mejores productos:
Ratón 2
Portátil 1
Teclado 1

Modo con múltiples columnas

pitón

```
# Par categoría-región más común
imprimir(df[['categoría','región']].modo())
```

Aplicación en el mundo real

A **gerente de categoría** quiere:

- **Producto más vendido**→ modo()
- **Distribución de ventas**→ valor_cuenta()
- **Movimientos lentos**→ parte inferior de value_counts()

Pasos prácticos

Correr:
pitón

```
frecuencia=df['categoría'].valor_cuenta(normalizar=Verdadero)*
100
imprimir("Categoría % sliebre:")
```

1. imprimir(frecuencia redonda(1))

2. Trama:
   pitón

```
df['producto'].value_counts().plot(amable='bar',título="V
entas de productos")
```

Consejos

- normalizar=Verdadero → porcentajes
- value_counts().index[0] → elemento más frecuente
- Utilice .nlargest(5) en value_counts() para los N primeros

Errores comunes

- df['col'].mode → devuelve**Serie**, use [0] para el valor
- value_counts() en números numéricos → bins
- Olvidando .head() → imprime todo

Agregaciones personalizadas: creación de funciones de resumen flexibles

Concepto central

Vaya más allá de los elementos integrados. Defina**tu propio**agregaciones.

pitón

```
definiciónrango de ingresos(incógnita):
  devolverx.máx()-x.min()

df['cantidad'].agg(rango_de_ingresos)
```

O utilizar**lambda**:

pitón
```
df['cantidad'].agg(lambdax: x.quantile(0.9)-x.cuantil(0.1))
```

Ejemplos

pitón
```
# Personalizado: percentil 90
imprimir(Venta del percentil 90:, df['cantidad'].agg(lambdax:
x.quantile(0.9)))

# Personalizado: coeficiente de variación
definiciónCV(incógnita):
   devolverx.std()/x.media()six.media()!=0 demás0

imprimir("CV de importe:", df['cantidad'].agg(cv).round(3))

# Múltiples estadísticas personalizadas
estadísticas personalizadas=df['cantidad'].agg([
   'significar',
'estándar',
lambdax: x.quantile(0,75)-x.cuantil(0,25),# RIQ
'sesgo'
])
estadísticas_personalizadas.índice=['promedio','estándar','rci','o
blicuidad']
imprimir("\norteEstadísticas personalizadas:")
imprimir(estadísticas personalizadas)
```

Agregaciones con nombre

pitón
```
resumen =df.agg(
pedidos totales=('id_del_pedido','contar'),
venta promedio=('cantidad','significar'),
Venta superior=('cantidad','máximo'),
clientes_únicos=('id_del_cliente','único'),
```

```
producto más común=('producto',lambdax: x.mode()[0]si
nox.vacíodemás Ninguno)
)
imprimir("\norteResumen nombrado:")
imprimir(resumen)
```

Aplicación en el mundo real

A **director de Finanzas** quiere:

- **Valor medio del pedido**
- **percentil 90**(para el nivel premium)
- **RIQ**(para variabilidad)
- **Producto más común**

Todo dentro**una línea**.

Pasos prácticos

Definir:
pitón
definiciónmargen de beneficio(incógnita):

1. devolver(x-x*0.4).significar() *# 40% de margen*

2. Aplicar: df['monto'].agg(margen_de_beneficio)

Consejos

- Usar **agregación con nombre**para una salida limpia
- Combine funciones integradas y personalizadas en .agg()
- Pruebe primero la función personalizada con datos pequeños

Errores comunes

- RegresandoSerieen función personalizada → usar escalar
- Usando x.mean sin marcar vacío
- Olvidando lambda x: sintaxis

Laboratorio práctico: Datos agregados de transacciones de comercio electrónico para métricas clave

Objetivo del proyecto

Construir una**Informe completo de KPI de comercio electrónico**:

1. Métricas generales (ingresos totales, AOV, pedidos)
2. Rendimiento por categoría
3. Información por región
4. Los mejores productos y clientes
5. Exportar a kpi_report.csv

Código completo

pitón

```
importarpandascomopd

# Cargar y preparar
df=pd.read_csv("transacciones.csv")
df['fecha']=pd.hasta_fecha_hora(df['fecha'])
df['ganancia']=df['cantidad']# suponiendo que el monto = ingresos
```

```
# 1. KPI generales
en general =df.agg(
ingresos totales=('ganancia','suma'),
pedidos totales=('id_del_pedido','contar'),
valor_de_pedido_promedio=('ganancia','significar'),
venta más alta=('ganancia','máximo'),
clientes_únicos=('id_del_cliente','único'),
productos únicos=('producto','único')
).redondo(2)

# Agregar AOV
en general['valor_promedio_del_pedido']= en general['ingresos
totales']/ en general['total_pedidos']

# 2. Por categoría
categoría_kpi=df.groupby('categoría').agg(
   ganancia=('ganancia','suma'),
órdenes=('id_del_pedido','contar'),
aov=('ganancia','significar'),
productos únicos=('producto','único')
).redondo(2)
categoría_kpi['% de participación en los
ingresos']=(categoría_kpi['ganancia']/ en general['ingresos
totales']*100).redondo(1)

# 3. Por región
región_kpi=df.groupby('región').agg(
   ganancia=('ganancia','suma'),
órdenes=('id_del_pedido','contar'),
aov=('ganancia','significar')
).redondo(2)

# 4. Los 5 mejores productos
productos principales=df.groupby('producto').agg(
total_vendido=('cantidad','suma'),
órdenes=('id_del_pedido','contar')
).nmás grande(5,'total_vendido').redondo(2)

# 5. Los 5 mejores clientes
clientes principales=df.groupby('id_del_cliente').agg(
```

```
gasto total=('cantidad','suma'),
órdenes=('id_del_pedido','contar')
).nmás grande(5,'gasto total').redondo(2)

# Combinar en el informe
informe =pd.DataFrame({
'Métrico':índice general,
    'Valor':valores generales
})

# Guardar todo
conpd.ExcelWriter('informe_kpi_comercio_ecommerce.xlsx')co
moescritor:
report.to_excel(escritor,nombre_de_hoja='Resumen',índice=FA
LSO)
category_kpi.to_excel(escritor,nombre_de_hoja='Por
categoría')
region_kpi.to_excel(escritor,nombre_de_hoja='Por región')
top_products.to_excel(escritor,nombre_de_hoja='Productos de
primera')
top_customers.to_excel(escritor,nombre_de_hoja='Clientes
principales')

imprimir(Informe de KPI generado: ecommerce_kpi_report.xlsx)
imprimir("\norteResumen:")
imprimir(informe)
```

Salida de muestra

```
texto
Resumen:
Valor métrico
0 ingresos totales 1720,00
1 pedidos totales 7.00
2 venta más alta 1200.00
3 clientes únicos 4.00
4 productos únicos 6.00
```

Aplicación en el mundo real

Este informe se ejecuta**semanalmente**. El liderazgo utiliza:

- **AOV**Para realizar un seguimiento de la estrategia de precios
- **Compartir categoría**para asignar inventario
- **Clientes principales**para programas de fidelización

Pasos prácticos

1. Ampliar el conjunto de datos a más de 100 filas.
2. Ejecutar script completo.
3. Agregar:
   - Tendencia mensual: df.groupby(df['date'].dt.month)['revenue'].sum()
   - Tasa de retorno (si agrega la columna de retorno)

Resumen de las conclusiones clave

SQL	Pandas
CONTAR(*)	len(df) o df['col'].count()
RGPD(col)	df['col'].mean()

MÍN/MÁX	mín() / máx()
CONTAR(columna DISTINTA)	df['col'].nunique()
Sin MODO	df['col'].mode()[0]
Costumbre	lambda x: ... en .agg()

Ya lo has dominado**agregación**:

- Estadísticas integradas con .describe() y .agg()
- Recuentos únicos con nunique()
- Frecuencia con value_counts()
- Funciones personalizadas
- Canalización completa de KPI

Ejercicios de práctica y desafíos

Ejercicio 1: Agregaciones rápidas

SQL

```
1. SELECCIONAR AVG(monto), SUM(monto) DE
transacciones DONDE categoría='Electrónica';
2. SELECCIONAR región, CONTAR(DISTINCT customer_id)
DE transacciones GRUPOPOR región;
```

Traducir y ejecutar.

Ejercicio 2: Métrica personalizada

Defina la desviación absoluta media:

```
pitón
definición enojado(incógnita):
  devolver(x-x.mediana()).abs().mediana()
```

Aplicar al importe.

Ejercicio 3: Crear una función de panel

```
pitón
definicióntablero de indicadores clave de
rendimiento(df,grupo_col):
  devolverdf.groupby(grupo_col).agg(
    ganancia=('cantidad','suma'),
órdenes=('id_del_pedido','contar'),
aov=('cantidad','significar'),
clientes_únicos=('id_del_cliente','único')
  ).redondo(2)
```

Prueba con group_col='categoría' y 'región'.

Desafío: Detección de anomalías

Órdenes de bandera > 3 desviaciones estándar de la media:

```
pitón
significar =df['cantidad'].significar()
ETS=df['cantidad'].std()
df['es_anomalía']=df['cantidad']> (significar +3*estándar)
```

Contar anomalías.

Siguiente capítulo: GROUP BY y funciones de ventana

Ahora giras**datos sin procesar en KPI**Combínelo con el Capítulo 3 (filtrado) para crear análisis SQL completos en Python.

Capítulo 5

Agrupación y resumen: SQL GROUP BY se encuentra con Pandas groupby()

La agrupación es donde**Los datos se convierten en decisiones**En SQL, GROUP BY divide los datos en grupos y los resume. En Pandas, groupby() hace lo mismo: más rápido, más flexible y con menos código. Este capítulo muestra cómo traducir cada consulta GROUP BY a Python.

Al finalizar, usted:

- Dividir datos por cualquier columna
- Agregado con COUNT, SUM, AVG, MINIMO, MAX
- Manejar **multinivel**agrupación
- Construir **tablas dinámicas**(equivalente a SQL CUBE)
- Ejecutar un**Proyecto completo de análisis de ventas regionales**

Usaremos un**conjunto de datos de ventas**(sales_data.csv) que imita una tabla de ventas SQL real. Todo el código está probado, es fácil de usar e incluye**casos de uso del mundo real**,**pasos prácticos**,**consejos**, y **errores comunes**.

Conceptos básicos de agrupación: SQL GROUP BY vs. Pandas groupby() para análisis segmentado

Concepto central

SQL:

```
SQL
SELECCIONAR región, SUMA(cantidad)comoventas totales
DESDE ventas
GRUPO POR región;
```

Pandas:

```
pitón
df.groupby('región')['cantidad'].suma()
```

Es así de simple.

Cómo funciona groupby()

1. **Dividir**→ por región
2. **Aplicar**→ suma() a la cantidad
3. **Combinar**→ en una nueva Serie/DataFrame

Conjunto de datos de ejemplo: sales_data.csv

```
csv
id del
pedido,id_del_cliente,producto,cantidad,categoría,región,fecha
1001,1,Computadora
portátil,1200,Electrónica,Norte,05-01-2025
```

```
1002,2,Ratón,25,Accesorios,Sur,6 de enero de 2025
1003,1,Teclado,75,Accesorios,Norte,7 de enero de 2025
1004,3,Monitor,300,Electrónica,Oeste,08-01-2025
1005,2,Ratón,25,Accesorios,Sur,09-01-2025
1006,4,Cámara web,80,Electrónica,Este,10 de enero de 2025
1007,1,Unidad USB,15,Accesorios,Norte,11-01-2025
1008,5,Auriculares,150,Audio,Sur,12 de enero de 2025
1009,3,Impresora,400,Oficina,Oeste,13 de enero de 2025
1010,6,Tableta,600,Electrónica,Este,14 de enero de 2025
```

Ejemplos de código

pitón

```
importarpandascomopd

df=pd.read_csv("datos_de_ventas.csv")
df['fecha']=pd.hasta_fecha_hora(df['fecha'])

# SQL: SELECCIONAR región, CONTAR(*) DE ventas GRUPO
POR región;
imprimir("Pedidos por región:")
imprimir(df.agrupar por('región').tamaño())

# SQL: SELECT región, SUM(monto) FROM ventas GROUP
BY región;
imprimir("\norteIngresos por región:")
imprimir(df.agrupar por('región')['cantidad'].suma())

# SQL: SELECT región, AVG(cantidad) FROM ventas GROUP
BY región;
imprimir("\norteAOV por región:")
imprimir(df.agrupar por('región')['cantidad'].media().redondo(2))
```

Producción:

texto

```
Ingresos por región:
región
Este 680
```

Norte 1290
Sur 200
Oeste 700

AOV por región:
región
Este 340.00
Norte 430.00
Sur 66.67
Oeste 350.00

Aplicación en el mundo real

A **director de ventas** quiere:

- Cual **región**¿Tiene mayores ingresos?
- Que tiene**la mayoría de los pedidos**?
- Dónde es **AOV**¿más bajo?

Respuestas de groupby() en**una línea**.

Pasos prácticos

1. Crear sales_data.csv.
2. Ejecute el código.
3. Intentar:
   pitón
   ```
   df.groupby('categoría')['cantidad'].suma().ordenar_valor
   es(ascendente=FALSO)
   ```

Consejos

- tamaño() → cuenta**todas las filas**(incluye duplicados)
- count() → cuenta**no nulo**por columna

- Cadena .reset_index() para convertir Series → DataFrame

Errores comunes

- df.groupby('región')['cantidad'].suma → faltante ()
- Olvidar [] → agrupar por todo el DataFrame → lento
- groupby sin agregación → devuelve**objeto**, no datos

Agregación dentro de grupos: combinación de COUNT, SUM y AVG en operaciones agrupadas

Concepto central

Correr **agregaciones múltiples**por grupo.

SQL:

```
SQL
SELECCIONAR
  región,
  CONTAR(*)comoórdenes,
SUMA(cantidad)como ganancia,
AVG(cantidad)comoaov
DESDE ventas
GRUPO POR región;
```

Pandas:

pitón

```
df.groupby('región').agg({
'id_del_pedido':'contar',
   'cantidad':['suma','significar']
})
```

O utilizar**agregación con nombre**:

pitón

```
df.groupby('región').agg(
órdenes=('id_del_pedido','contar'),
   ganancia=('cantidad','suma'),
aov=('cantidad','significar')
).redondo(2)
```

Ejemplos de código

pitón

```
# Agregaciones múltiples
resumen =df.groupby('región').agg(
órdenes=('id_del_pedido','contar'),
   ganancia=('cantidad','suma'),
aov=('cantidad','significar'),
mi_venta=('cantidad','mínimo'),
venta máxima=('cantidad','máximo')
).redondo(2)

imprimir(Resumen regional completo:)
imprimir(resumen)
```

Producción:

texto

```
ingresos por pedidos aov min_sale max_sale
región
Este 2 680 340.0 80 600
Norte 3 1290 430.0 15 1200
Sur 3 200 66,7 25 150
Oeste 2 700 350.0 300 400
```

Con filtrado

pitón

```
# Solo pedidos de alto valor
alto_valor=df[df['cantidad']>100].agrupar por('región').agg(
pedidos de alto valor=('id_del_pedido','contar'),
ingresos de alto valor=('cantidad','suma')
)
imprimir("\norteAlto valor (> $100):")
imprimir(alto_valor)
```

Aplicación en el mundo real

A **equipo de finanzas** necesidades:

- **Pedidos**,**ganancia**,**AOV**por región
- **Mín./máx.**para detectar valores atípicos
- **Segmento de alto valor**para la estrategia premium

Pasos prácticos

1. Ejecute el resumen completo.
2. Agregar:
   pitón
   ```
   resumen['% de participación en los ingresos']=
   (resumen['ganancia']/ resumen['ganancia'].suma()
   *100).redondo(1)
   ```
3. Ordenar: summary.sort_values('ingresos', ascendente=Falso)

Consejos

- Usar **agregación con nombre**→ limpiar nombres de columnas
- .round(2) → salida legible
- Guardar: summary.to_csv("regional_kpi.csv")

Errores comunes

- Mezcla de lista y diccionario en .agg() → usar un estilo
- media en no numérico → convertir primero
- Olvidando .round() → decimales desordenados

Manejo de agrupaciones multinivel: categorías anidadas en conjuntos de datos reales

Concepto central

Agrupar por**dos o más**columnas.

SQL:

SQL
```
SELECCIONAR región, categoría, SUMA(cantidad)
DESDE ventas
GRUPO PORregión, categoría;
```

Pandas:

pitón
```
df.groupby(['región','categoría'])['cantidad'].suma()
```

Ejemplos de código

pitón
```
# Grupo multinivel
múltiples=df.groupby(['región','categoría']).agg(
   ganancia=('cantidad','suma'),
órdenes=('id_del_pedido','contar'),
```

```
aov=('cantidad','significar')
).redondo(2)

imprimir(Ingresos por región y categoría:)
imprimir(multi)
```

Producción:

```
texto
órdenes de ingresos aov
categoría de región
Electrónica del Este 680 2 340.0
Accesorios Norte 90 2 45.0
Electrónica 1200 1 1200.0
Accesorios Sur 50 2 25.0
Audio 150 1 150.0
Electrónica del oeste 300 1 300.0
Oficina 400 1 400.0
```

Desapilar para la vista de tabla

```
pitón
# Vista tipo pivote
imprimir("\norteMatriz de ingresos:")
imprimir(multi['ganancia'].desapilar(valor_de_relleno=0))
```

Producción:

```
texto
Categoría Accesorios Audio Electrónica Oficina
región
Este 0 0 680 0
Norte 90 0 1200 0
Sur 50 150 0 0
Oeste 0 0 300 400
```

Aplicación en el mundo real

A **gerente de producto** quiere:

- Cual **categoría**domina en**Norte**?
- ¿Dónde están?**Accesorios**¿bajo rendimiento?

Pasos prácticos

1. Ejecutar grupo de varios niveles.
2. Intentar:
   pitón
   ```
   df.groupby(['categoría','región'])['cantidad'].suma().desapilar()
   ```
3. Filtro: multi.loc[multi['orders'] > 1]

Consejos

- Usar **lista**en groupby() para multinivel
- .unstack() → gira el índice → columnas
- .stack() → revertir

Errores comunes

- groupby('región', 'categoría') →**Error**→ usar lista
- Olvidar seleccionar la columna antes de agregar
- Confusión de múltiples índices → use .reset_index()

Agrupación avanzada: tablas dinámicas para tabulación cruzada (equivalente a SQL CUBE)

Concepto central

CUBO SQL→ todas las combinaciones de grupos.

Tabla dinámica de Pandas()→ misma potencia, más fácil.

```
pitón
pd.tabla_pivot(
df,
valores='cantidad',
índice='región',
columnas='categoría',
función agg='suma',
valor_de_relleno=0,
márgenes=Verdadero  # Gran total
)
```

Ejemplos de código

```
pitón
# Pivote completo con totales
pivot=pd.tabla_pivot(
df,
valores='cantidad',
índice='región',
columnas='categoría',
función agg=['suma','significar'],
valor_de_relleno=0,
márgenes=Verdadero,
nombre_de_los_márgenes='Total'
)
```

```
imprimir("Tabla dinámica de ventas:")
imprimir(pivote.redondo(2))
```

Salida (parcial):

```
texto
suma media
Accesorios Audio Electrónica Oficina Total Accesorios Audio
Electrónica Oficina Total
región
Este 0 0 680 0 680 0.0 0.0 340.0 0.0 340.0
Norte 90 0 1200 0 1290 45.0 0.0 1200.0 0.0 430.0
...
Total 140 150 2180 400 2870 46,7 150,0 545,0 400,0 287,0
```

Agregaciones múltiples

```
pitón
# Contar + Sumar
pivote_multi=pd.tabla_pivot(
df,
valores='cantidad',
índice='región',
columnas='categoría',
función agg={'cantidad':['contar','suma']},
valor_de_relleno=0
)
imprimir(pivote_multi)
```

Aplicación en el mundo real

A **director de Finanzas** quiere:

- **Matriz de ingresos**por región × categoría
- **Totales generales**
- **Venta promedio**por celda

Utilizado en**presentaciones de la junta**.

Pasos prácticos

1. Ejecutar tabla dinámica.
2. Exportar:
   pitón
   pivote.a_excel("ventas_pivot.xlsx")

3. Pruebe aggfunc='count' para el volumen del pedido.

Consejos

- márgenes=Verdadero → SQL CON ROLLUP
- fill_value=0 → limpiar ceros
- Utilice style.format() para los informes

Errores comunes

- pivot() vs pivot_table() → pivot() falla en duplicados
- Olvidando aggfunc → el valor predeterminado es
- Pivotes grandes → problemas de memoria → agregado primero

Tutorial del proyecto: Agrupar y analizar las tendencias de ventas regionales paso a paso

Objetivo del proyecto

Construir una**informe de tendencias de ventas regionales**:

1. Ingresos mensuales por región
2. Producto superior por región
3. Crecimiento vs el mes pasado
4. Exportar a regional_trends.xlsx

Código completo

pitón

```
importarpandascomopd

# Cargar y preparar
df=pd.read_csv("datos_de_ventas.csv")
df['fecha']=pd.hasta_fecha_hora(df['fecha'])
df['mes']=df['fecha'].dt.a_periodo('METRO')

# 1. Ingresos mensuales por región
mensual=df.groupby(['mes','región'])['cantidad'].suma().desapila
r(valor_de_relleno=0)
mensual['Total']=mensual.suma(eje=1)

# 2. Mejor producto por región (de todos los tiempos)
producto
superior=df.groupby(['región','producto'])['cantidad'].suma()
producto
superior=producto_superior.groupby('región').idxmax().aplicar(l
ambdax:x[1])
producto superior=producto_superior.reset_index()
columnas_superiores_del_producto=['región','producto
superior']

# 3. Crecimiento mes a mes
crecimiento mensual=cambio mensual.pct()*100
crecimiento mensual=crecimiento_mensual.round(1).llenar(0)

# 4. Combinar
conpd.ExcelWriter('tendencias_regionales.xlsx')comoescritor:
mensual.to_excel(escritor,nombre_de_hoja='Ingresos
mensuales')
```

```
crecimiento_mensual.para_sobresalir(escritor,nombre_de_hoja
='% de crecimiento intermensual')
top_product.to_excel(escritor,nombre_de_hoja='Producto
superior',índice=FALSO)

# Resumen de impresión
imprimir(Ingresos mensuales:)
imprimir(mensual)
imprimir("\norteProducto superior por región:")
imprimir(producto superior)
imprimir("\norteInforme guardado: regional_trends.xlsx)
```

Salida de muestra

```
texto
Ingresos mensuales:
mes Este Norte Sur Oeste Total
2025-01 680 1290 200 700 2870


Producto superior por región:
región top_product
0 Tableta Este
1 Laptop del Norte
2 Auriculares del Sur
Impresora 3 West
```

Aplicación en el mundo real

Equipo de operaciones de ventasejecuta esto**mensual**:

- Lugar **regiones en declive**
- Promover **productos top**
- Ajustar **inventario**

Pasos prácticos

1. Añade 3 meses de datos.

2. Ejecutar script completo.
3. Añadir visualización:
   pitón
   parcela
   mensual(amable='bar',apilados=Verdadero,título=Venta
   s mensuales por región)

Resumen de las conclusiones clave

SQL	Pandas
AGRUPAR POR columna	df.groupby('col')
Múltiples ag	.agg({'col': ['suma', 'media']})
Multinivel	agrupar por(['col1', 'col2'])
CUBO	tabla_pivot(..., márgenes=Verdadero)
ENROLLAMIE NTO	márgenes=Verdadero

Ya lo has dominado**análisis segmentado**:

- groupby() para cualquier dimensión
- Multi-agregado + multinivel
- Tablas dinámicas para tablas cruzadas
- Informe completo de tendencias

Ejercicios de práctica y desafíos

Ejercicio 1: Ejercicios en grupo

SQL

```
1. SELECCIONAR categoría, SUMA(cantidad),
PROMEDIO(cantidad) DEL GRUPO de ventasPOR categoría;
2. SELECCIONAR región, categoría, CONTAR(*) DEL GRUPO
DE VENTASPORregión, categoría;
```

Traducir y ejecutar.

Ejercicio 2: Práctica de pivote

Construir pivote:

- Índice: región
- Columnas: mes
- Valores: cantidad (suma)

Ejercicio 3: Función de grupo personalizada

pitón

```
definicióntop_n_productos(grupo,norte=1):
  devolvergrupo.nmayor(n,'cantidad')['producto'].tolist()

df.groupby('región').apply(top_n_productos,norte=2)
```

Desafío: Promedio móvil de 3 meses

pitón

```
mensual['Norte_3M_Rolling']=mensual['Norte'].laminación(3).si
gnificar()
```

Siguiente capítulo: Funciones de ventana: ROW_NUMBER, RANK, Totales acumulados

Tú ahora**Segmentar y resumir**como un profesional. Combine con el filtrado (Cap. 3) y la agregación (Cap. 4) para reemplazar**informes SQL completos**en Python.

Capítulo 6

Funciones de ventana: clasificación y totales acumulados en Python

Las funciones de ventana son**El arma secreta de SQL**para análisis. Permiten calcular valores.**en filas relacionadas**sin colapsar el conjunto de datos. En Pandas, se hace lo mismo con .rank(), .transform(), .shift() y**ventanas expandibles/deslizantes**Este capítulo le enseña cómo traducir cada SQL OVER (PARTITION BY ... ORDER BY ...) a un Python limpio y rápido.

Al finalizar, usted:

- Clasificar filas dentro de grupos (como ROW_NUMBER(), RANK())
- Aplicar la lógica GROUP BY**por fila**usando transform()
- Utilice shift() para desplazamientos (valores retrasados)
- Calcular**totales acumulados**,**promedios acumulados**, y **promedios móviles**
- Clasificar productos en una**conjunto de datos competitivos reales**

Usaremos un**conjunto de datos de ventas de productos**(product_sales.csv) que imita una tabla de ventas de SQL. Todo el código está probado, es fácil de usar e incluye**casos de uso del mundo real**,**pasos prácticos**,**consejos**, y **errores comunes**.

SQL ROW_NUMBER() OVER: Pandas rank() y operaciones acumulativas

Concepto central

SQL:

```
SQL
SELECCIONAR
  producto,
  región,
  cantidad,
NÚMERO DE FILA()ENCIMA(PARTICIÓNPORORDEN DE LA REGIÓNPOR cantidad DESCRIPCIÓN)comorango_en_región
DE ventas;
```

Pandas:

```
pitón
df['rango_en_región']=df.groupby('región')['cantidad'].rango(método='primero',ascendente=FALSO)
```

Cómo funciona

1. **Grupo**por región
2. **Rango**cantidad descendente
3. Asignar **1, 2, 3...**por grupo

Conjunto de datos de ejemplo: product_sales.csv

csv

```
id del pedido,producto,categoría,cantidad,región,fecha,ID del
cliente
1001,Computadora
portátil,Electrónica,1200,Norte,05-01-2025,1
1002,Ratón,Accesorios,25,Sur,6 de enero de 2025,2
1003,Teclado,Accesorios,75,Norte,2025-01-07,1
1004,Monitor,Electrónica,300,Oeste,8 de enero de 2025,3
1005,Ratón,Accesorios,25,Sur,2025-01-09,2
1006,Cámara web,Electrónica,80,Este,10/01/2025,4
1007,Unidad USB,Accesorios,15,Norte,11-01-2025,1
1008,Auriculares,Audio,150,Sur,12-01-2025,5
1009,Impresora,Oficina,400,Oeste,13-01-2025,3
1010,Tableta,Electrónica,600,Este,14-01-2025,6
```

Ejemplos de código

pitón
```
importarpandascomopd

df=pd.read_csv("producto_ventas.csv")
df['fecha']=pd.hasta_fecha_hora(df['fecha'])

# Clasificar los productos por ventas dentro de cada región
df['rango_en_región']=df.groupby('región')['cantidad'].rango(
    método='primero',ascendente=FALSO
).astype(entero)

imprimir(Productos mejor valorados por región:)
imprimir(df[['producto','región','cantidad','rango_en_región']].sort
_values(
['región','rango_en_región']
))
```

Producción:

texto
```
producto región cantidad rango_en_región
0 Portátil Norte 1200 1
2 Teclado Norte 75 2
```

6 Unidad USB Norte 15 3
7 Auriculares Sur 150 1
1 Ratón Sur 25 2
4 Ratón Sur 25 3
3 Monitor Oeste 400 1
8 Impresora West 300 2
9 Tableta Este 600 1
5 Webcam Este 80 2

Métodos de clasificación

SQL	Método Pandas
NÚMERO DE FILA()	'primero'
RANGO()	'min' (los empates tienen el mismo rango, espacio después)
RANGO_DENSO()	'denso' (los lazos son iguales, sin espacio)

pitón

```
# Equivalente de DENSE_RANK
df['rango
denso']=df.groupby('región')['cantidad'].rango(método='denso',a
scendente=FALSO)
```

Aplicación en el mundo real

A **gerente de ventas** quiere:

- **Los 3 mejores productos**por región → rango_en_región <= 3
- **Promocionar los más vendidos**
- **Eliminar gradualmente a los de bajo rendimiento**

Pasos prácticos

1. Crear product_sales.csv.
2. Ejecute el código de clasificación.

Filtrar:
pitón
los 3 mejores=df[df['rango_en_región']<=3]

3. top3.to_csv("top3_por_región.csv",índice=FALSO)

Consejos

- Utilice .astype(int) → limpie los números de rango
- Cadena con .sort_values() para una salida legible
- método='primero' → ordenamiento estable (preserva el orden original en los empates)

Errores comunes

- Olvidando groupby → rangos transversales**conjunto de datos completo**
- ascendente=Verdadero → rangos bajos → altos
- rank() devuelve**flotar**→ usar .astype(int)

Particionamiento de datos: GROUP BY dentro de Windows usando Pandas transform()

Concepto central

SQL:

```
SQL
SELECCIONAR
*,
SUMA(cantidad)ENCIMA(PARTICIÓNPOR región)
comoregión_total
DE ventas;
```

Pandas:

```
pitón
df['región_total']=df.groupby('región')['cantidad'].transformar('su
ma')
```

transformar() →**transmite el resultado del grupo a cada fila**

Ejemplos de código

```
pitón
# Ingresos totales por región (repetidos en cada fila)
df['región_total']=df.groupby('región')['cantidad'].transformar('su
ma')

# % del total de la región
df['porcentaje de la
región']=(df['cantidad']/df['región_total']*100).redondo(2)

imprimir("Contribución a la región:")
imprimir(df[['producto','región','cantidad','región_total','porcentaj
e de la región']])
```

Producción:

```
texto
producto región cantidad región_total porcentaje_de_región
0 Portátil Norte 1200 1290 93.02
2 Teclado Norte 75 1290 5.81
6 Unidad USB Norte 15 1290 1.16
```

1 Ratón Sur 25 200 12,50
4 Ratón Sur 25 200 12.50
7 Auriculares Sur 150 200 75.00
...

Transformaciones múltiples

pitón

```
# Conteo, suma, media por región
df[['órdenes_de_región','ingresos_de_la_región','región_aov']]=
df.groupby('región').agg(
órdenes_de_región=('id_del_pedido','contar'),
ingresos de la región=('cantidad','suma'),
región_aov=('cantidad','significar')
).reindexar(df['región'],método='más cercano')# No es ideal:
usar transformación
```

Mejor:

pitón

```
df['órdenes_de_región']=df.groupby('región')['id_del_pedido'].tra
nsformar('contar')
df['región_aov']=df.groupby('región')['cantidad'].transformar('sig
nificar').redondo(2)
```

Aplicación en el mundo real

A **analista de productos** quiere:

- **% contribucióna** la región
- **Región AOVen** cada fila
- Comparar **producto vs promedio regional**

Pasos prácticos

1. Ejecute el código transform().

2. Agregar:
   pitón
   df['vs_región_aov']=df['cantidad']-df['región_aov']

Consejos

- transformar() →**misma longitud**como original
- Uso para**informes desnormalizados**
- Combinar con lambda para una lógica personalizada

Errores comunes

- Usando .agg() → contrae filas
- transform('sum') en no numérico
- Olvidar volver a asignar a la columna

Ordenamiento y desplazamientos: SQL ORDER BY en Pandas sort_values() con desplazamientos de ventana

Concepto central

SQL:

SQL
SELECCIONAR
*,
LAG(cantidad,1)ENCIMA(PARTICIÓNPORPEDIDO de productoPOR fecha)comoventa anterior
DE ventas;

Pandas:

```
pitón
df=df.sort_values(['producto','fecha'])
df['venta anterior']=df.groupby('producto')['cantidad'].cambio(1)
```

shift(n) → mover valoresn **n filas**arriba/abajo.

Ejemplos de código

```
pitón
# Ordenar por producto y fecha
df=df.sort_values(['producto','fecha']).reset_index(gota=Verdade
ro)

# Venta anterior por producto
df['venta anterior']=df.groupby('producto')['cantidad'].cambio(1)

# Próxima venta
df['próxima venta']=df.groupby('producto')['cantidad'].cambio(-1)

# Días desde la última venta
df['días desde la fecha
anterior']=(df['fecha']-df.groupby('producto')['fecha'].cambio(1)).d
t.días

imprimir(Ventas con retraso/adelanto:)
imprimir(df[['producto','fecha','cantidad','venta anterior','próxima
venta']])
```

Salida (filas del mouse):

```
texto
producto fecha cantidad venta anterior venta siguiente
1 Ratón 2025-01-06 25 NaN 25,0
4 Ratón 2025-01-09 25 25,0 NaN
```

Aplicación en el mundo real

A **planificador de demanda** quiere:

- **Fecha de última venta**por producto
- **Análisis de brechas**para reordenar
- **Plazo de entrega**cálculo

Pasos prácticos

1. Ejecutar código de turno.
2. Agregar:
   pitón
   ```
   df['% de crecimiento de ventas']=(df['cantidad']/df['venta anterior']-1)*100
   ```

Consejos

- Siempre **clasificar**antes de shift()
- Utilice reset_index(drop=True) después de ordenar
- shift(-1) → valor futuro (usar con precaución)

Errores comunes

- shift() sin groupby → turnos**columna entera**
- Olvidar ordenar → orden incorrecto
- Manejo de NaN → usar .fillna(0)

Agregados en ejecución: sumas acumuladas y promedios para datos de series temporales

Concepto central

SQL:

```
SQL
SELECCIONAR
  fecha,
  cantidad,
SUMA(cantidad)ENCIMA (ORDEN POR
fecha)comototal_en_ejecución
DE ventas;
```

Pandas:

```
pitón
df=df.sort_values('fecha')
df['total acumulado']=df['cantidad'].con()
df['promedio_de_ejecución']=df['cantidad'].expandiendo().media
()
```

Ejemplos de código

```
pitón
# Total acumulado global
df_global=df.sort_values('fecha').Copiar()
df_global['total acumulado']=df_global['cantidad'].con()
df_global['promedio_de_ejecución']=df_global['cantidad'].expan
diendo().media().redondo(2)

imprimir(Métricas globales de carrera:)
imprimir(df_global[['fecha','producto','cantidad','total
acumulado','promedio_de_ejecución']])
```

Producción:

```
texto
fecha producto cantidad total_ejecutable promedio_ejecutable
0 2025-01-05 Portátil 1200 1200 1200.00
1 2025-01-06 Ratón 25 1225 612.50
2 2025-01-07 Teclado 75 1300 433.33
```

...

Totales acumulados por grupo

pitón

```
df=df.sort_values(['región','fecha'])
df['total_de_ejecución_de_la_región']=df.groupby('región')['canti
dad'].con()
```

Promedios móviles

pitón

```
# Promedio móvil de 3 días
df['ma_3day']=df.groupby('producto')['cantidad'].transformar(
lambdax:x.rodando(3,períodos mínimos=1).significar()
).redondo(2)
```

Aplicación en el mundo real

A **equipo de finanzas** quiere:

- **Ingresos hasta la fecha**
- **promedio móvil de 30 días**para pronosticar
- **Ventas acumuladas por región**

Pasos prácticos

1. Ejecutar código acumulativo.
2. Agregar:
   pitón
   ```
   df['pedidos_acumulados']=df.groupby('región')['id_del_p
   edido'].cuenta acumulada()+1
   ```

Consejos

- expandiendo() → desde el inicio hasta el actual
- rolling(n) → últimas n filas
- Utilice min_periods=1 → evite NaN temprano

Errores comunes

- cumsum() sin ordenar → orden incorrecto
- rolling() sin groupby → mezcla productos
- Olvidando .round()

Ejercicio práctico: Clasificar productos por rendimiento en un conjunto de datos competitivo

Objetivo del proyecto

Construir una**tabla de clasificación de rendimiento del producto**:

1. Clasificar por**ingresos totales**por categoría
2. Agregar **% de los ingresos de la categoría**
3. Calcular**total acumulado** y **media móvil de 3 ventas**
4. Bandera **los 3 mejores** y **mejorando**productos
5. Exportar a product_leaderboard.xlsx

Código completo

pitón

```
importarpandascomopd
```

```
# Cargar y preparar
df=pd.read_csv("producto_ventas.csv")
df['fecha']=pd.hasta_fecha_hora(df['fecha'])

# 1. Ingresos totales por producto
rendimiento del producto=df.groupby('producto').agg(
ingresos totales=('cantidad','suma'),
órdenes=('id_del_pedido','contar'),
venta promedio=('cantidad','significar')
).redondo(2)

# 2. Clasificación dentro de la categoría
df=df.merge(perf_producto[['ingresos
totales']],en='producto',cómo='izquierda')
df['rango_en_categoría']=df.groupby('categoría')['ingresos
totales'].rango(
   método='denso',ascendente=FALSO
).astype(entero)

# 3. % de la categoría
categoría_total=df.groupby('categoría')['cantidad'].transformar('s
uma')
df['porcentaje de
categoría']=(df['cantidad']/categoría_total*100).redondo(2)

# 4. Métricas de ejecución y movimiento
df=df.sort_values(['producto','fecha'])
df['ingresos_acumulados']=df.groupby('producto')['cantidad'].co
n()
df['ma_3ventas']=df.groupby('producto')['cantidad'].transformar(
lambdax:x.rodando(3,períodos mínimos=1).significar()
).redondo(2)

# 5. Marcar a los mejores artistas
df['es_top3']=df['rango_en_categoría']<=3
df['está_mejorando']=df['cantidad']>df.groupby('producto')['canti
dad'].cambio(1)

# Clasificación final
```

```
tabla de clasificación=df[
df['rango_en_categoría']<=3
][['producto','categoría','cantidad','rango_en_categoría','porcent
aje de categoría',
'ingresos_acumulados','ma_3ventas','está_mejorando']].sort_va
lues(
['categoría','rango_en_categoría','fecha']
)

# Exportar
conpd.ExcelWriter('tabla de clasificación de
producto.xlsx')comoescritor:
tabla de clasificación.para_excel(escritor,nombre_de_hoja='Los
3 mejores productos',índice=FALSO)
product_perf.to_excel(escritor,nombre_de_hoja='Todos los
productos')

imprimir("Tabla de clasificación (los 3 mejores por categoría):")
imprimir(tabla de clasificación)
imprimir("\norteExportado: product_leaderboard.xlsx)
```

Salida de muestra

```
texto
Clasificación (los 3 mejores por categoría):
categoría de producto cantidad rango_en_categoría
porcentaje_de_categoría ...
0 Electrónica portátil 1200 1 48,00
9 Tableta Electrónica 600 2 24.00
5 Electrónica de cámara web 80 3 3.20
...
```

Aplicación en el mundo real

Equipo de productousa esto**semanalmente**:

- Promover **los 3 mejores**
- Investigar **mejorando**productos
- Cortar **bajo porcentaje de contribuyentes**

Pasos prácticos

1. Ampliar el conjunto de datos a más de 100 filas.
2. Ejecutar script completo.
3. Añadir visualización:
   pitón
   tabla de clasificación.groupby('categoría')['cantidad'].suma().plot(amable='bar')

Resumen de las conclusiones clave

Ventana SQL	Pandas
ROW_NUMBER() SOBRE (...)	groupby().rank(método='primero')
SUMA() SOBRE (PARTICIÓN POR ...)	groupby().transform('suma')
LAG(columna, 1)	agrupar por().shift(1)
SUMA() SOBRE (ORDENAR POR ...)	.con()
AVG() SOBRE (ORDENAR POR ... FILAS ENTRE 2 ANTERIORES ...)	.rolling(3).mean()

Ya lo has dominado**análisis de ventanas**:

- Clasificación dentro de los grupos
- Estadísticas de grupo por fila

- Rezagos, adelantos, totales acumulados
- Promedios móviles
- Clasificación de rendimiento completa

Ejercicios de práctica y desafíos

Ejercicio 1: Ejercicios de ventana

SQL
```
1. RANGO()ENCIMA(PARTICIÓNPORcategoría ORDENPOR
cantidad DESCRIPCIÓN)
2. SUMA(cantidad)ENCIMA(PARTICIÓNPORORDEN DE LA
REGIÓNPOR fecha)
3. cantidad -AVG(cantidad)ENCIMA(PARTICIÓNPOR
categoría)
```

Traducir a Pandas.

Ejercicio 2: Ventana personalizada

pitón
```
# Puntuación Z por categoría
df['puntuación
z']=df.groupby('categoría')['cantidad'].transformar(
lambdax:(x-x.media())/x.std()
)
```

Ejercicio 3: Análisis de lapsos de tiempo

pitón
```
df['días_entre_ventas']=df.groupby('producto')['fecha'].diff().dt.dí
as
```

Desafío: Rastreador de cuota de mercado

pitón

```
# Cuota de mercado diaria por categoría
a diario
=df.groupby(['fecha','categoría'])['cantidad'].suma().desapilar(val
or_de_relleno=0)
compartir diariamente=diario.div(diario.suma(eje=1),eje=0)*100
```

Grafique la participación de una categoría a lo largo del tiempo.

Siguiente capítulo: Lógica condicional: sentencias CASE en Pandas

Ahora lo haces**Análisis de SQL en Python**. Combine con groupby() (Cap. 5) para reemplazar**informes de BI completos**.

Capítulo 7

Lógica condicional: sentencias SQL CASE en Python

La lógica condicional es la**motor de decisiones**del análisis de datos. En SQL, CASE permite crear nuevas columnas basadas en reglas. En Pandas, se hace lo mismo, y más, con np.select(), .apply(), .cut() y operaciones vectorizadas. Este capítulo enseña a traducir cada sentencia CASE a Python limpio, rápido y legible.

Al finalizar, usted:

- Construir **simple SI-ENTONCES-SINO**lógica
- Crear **árboles de decisión anidados**
- **Papelera**números en categorías (por ejemplo, Bajo/Medio/Alto)
- Combinar condiciones con**agregaciones y grupos**
- Puntaje **desempeño de los empleados**en un estudio de caso completo

Usaremos un**conjunto de datos de empleados**(empleados.csv) que imita una tabla SQL hr.empleados. Todo el código está probado, es fácil de usar e incluye**casos de uso del mundo real**,**pasos prácticos**,**consejos**, y **errores comunes**.

Simple IF-THEN-ELSE: SQL CASE traducido a Pandas np.select() y apply()

Concepto central

SQL:

```
SQL
SELECCIONAR
  nombre,
  salario,
  CASO
    CUANDO salario >=80000 ENTONCES 'Alto'
    CUANDO salario >=50000 ENTONCES 'Medio'
    DEMÁS 'Bajo'
  FIN comonivel salarial
DE los empleados;
```

Pandas (np.select):

```
pitón
importarNumpycomo p.ej

condiciones =[
df['salario']>=80000,
df['salario']>=50000
]
opciones=['Alto','Medio']
df['nivel salarial']=np.select(condiciones, opciones,por
defecto='Bajo')
```

Conjunto de datos de ejemplo: empleados.csv

csv

emp_id,nombre,departamento,*salario,*puntuación de rendimiento,años_de_experiencia,fecha de ingreso
1,Alicia,Ingeniería,*95000,*4.8,5,15 de marzo de 2020
2,Chelín,Ventas,*62000,*3.9,3,20 de junio de 2022
3,Villancico,HORA,*48000,*4.2,7,10 de enero de 2018
4,David,Ingeniería,*105000,*4.9,8,05-05-2017
5,Víspera,Marketing,*55000,*3.5,2,1 de septiembre de 2023
6,Franco,Ventas,*71000,*4.1,4,12 de noviembre de 2021
7,Gracia,HORA,*52000,*4.5,6,22 de agosto de 2019

Ejemplos de código

```
pitón
importarpandascomopd
importarNumpycomo p.ej

df=pd.read_csv("empleados.csv")
df['fecha_de_inscripción']=pd.hasta_fecha_hora(df['fecha_de_in
scripción'])

# np.select versión
condiciones =[
df['salario']>=80000,
df['salario']>=50000
]
opciones=['Alto','Medio']
df['nivel salarial']=np.select(condiciones, opciones,por
defecto='Bajo')

imprimir("Niveles salariales:")
imprimir(df[['nombre','salario','nivel salarial']])
```

Producción:

```
texto
nombre salario nivel_de_salario
0 Alice 95000 Alto
1 Bob 62000 Mediano
2 Carol 48000 Bajo
```

3 David 105000 Alto
...

Alternativa: .apply() con Lambda

pitón

```
df['aplicar nivel salarial']=df['salario'].aplicar(
lambdax:'Alto' six>=80000 demás 'Medio' six>=50000 demás
'Bajo'
)
```

Aplicación en el mundo real

A **equipo de nómina** quiere:

- **Bandas salariales**para informar
- **Elegibilidad para bonificación**(Alto → 15%, Medio → 8%, Bajo → 5%)
- **Tramo impositivo** asignación

Pasos prácticos

1. Crear empleados.csv.
2. Ejecute ambos métodos.

Añadir bonificación:

pitón

```
mapa de bonificación={'Alto':0,15,'Medio':0.08,'Bajo':0.05}
```

3. df['prima']=df['salario']*df['nivel salarial'].map(mapa_adicional)

Consejos

- np.select() →**vectorizado**, más rápido
- Usar predeterminado= → evitar NaN
- .apply(lambda) → legible para lógica simple

Errores comunes

- Olvidando importar numpy como np
- np.where() cadena → más difícil de leer que np.select()
- .apply() en datos grandes → lento

Condiciones anidadas: creación de árboles de decisión complejos para la categorización de datos

Concepto central

SQL:

```
SQL
CASO
  CUANDOpuntuación de rendimiento>=4.5Y
años_de_experiencia>=5 ENTONCES 'Estrella'
  CUANDOpuntuación de rendimiento>=4.0 ENTONCES
'Sólido'
  CUANDOpuntuación de rendimiento>=3.0
Oaños_de_experiencia>=7 ENTONCES 'Necesita mejorar'
  DEMÁS'Aprendiz'
FIN comonivel de rendimiento
```

Pandas:

pitón
```
condiciones =[
(df['puntuación de
rendimiento']>=4.5)&(df['años_de_experiencia']>=5),
(df['puntuación de rendimiento']>=4.0),
(df['puntuación de
rendimiento']>=3.0)|(df['años_de_experiencia']>=7)
]
opciones=['Estrella','Sólido','Necesita mejorar']
df['nivel_de_rendimiento']=np.select(condiciones, opciones,por
defecto='Aprendiz')
```

Ejemplos de código

pitón
```
# Lógica anidada compleja
condiciones =[
(df['puntuación de
rendimiento']>=4.5)&(df['años_de_experiencia']>=5),
(df['puntuación de rendimiento']>=4.0),
(df['puntuación de
rendimiento']>=3.0)|(df['años_de_experiencia']>=7),
(df['departamento']== 'Ingeniería')&(df['salario']<70000)
]
opciones=['Estrella','Sólido','Necesita mejorar','Ingeniero mal
pagado']
df['categoría_emp']=np.select(condiciones, opciones,por
defecto='Estándar')

imprimir("Categorías de empleados:")
imprimir(df[['nombre','puntuación de
rendimiento','años_de_experiencia','categoría_emp']])
```

Producción:

texto
```
nombre puntuación_rendimiento años_experiencia
categoría_emp
0 Alice 4.8 5 estrellas
```

1 Bob 3.9 3 Estándar
2 Carol 4.2 7 Necesita mejorar
...

Aplicación en el mundo real

Un **Gerente de recursos humanos** quiere:

- **Lista de candidatos para la promoción** (Estrella)
- **Plan de entrenamiento**(Necesita mejorar)
- **Revisión salarial**(Ingeniero mal pagado)

Pasos prácticos

1. Ejecutar lógica anidada.
2. Agregar:
   pitón
   ```
   df['elegible para promoción']=df['categoría_emp']==
   'Estrella'
   ```

Consejos

- **El orden importa**en condiciones → primer partido ganado
- Usar **paréntesis**para mayor claridad
- Irrumpir en**columnas intermedias**para depuración

Errores comunes

- Usando y/o → ValueError → usar &/
- Olvidar los paréntesis → lógica incorrecta

- Demasiadas condiciones → use .apply() con la función

Agrupamiento y etiquetado: conversión de datos numéricos en categorías (por ejemplo, niveles de ventas)

Concepto central

SQL:

```
SQL
CASO
  CUANDO salario ENTRE0 Y 49999 ENTONCES '0-50K'
  CUANDO salario ENTRE50000 Y 79999 ENTONCES '50-80
mil'
  DEMÁS'80K+'
FIN
```

Pandas pd.cut():

```
pitón
contenedores=[0,50000,80000,flotar('inf')]
etiquetas=['0-50K','50-80 mil','80K+']
df['rango
salarial']=pd.cut(df['salario'],contenedores=contenedores,etiquet
as=etiquetas,bien=FALSO)
```

Ejemplos de código

pitón

```
# Bandejas de salario
contenedores=[0,50000,80000,flotar('inf')]
etiquetas=['Bajo','Medio','Alto']
df['salario_bin']=pd.cut(df['salario'],contenedores=contenedores,
etiquetas=etiquetas)

# Bins de tenencia
df['tenure_bin']=pd.cut(
df['años_de_experiencia'],
contenedores=[0,2,5,flotar('inf')],
etiquetas=['Júnior','Medio','Sénior'],
incluir_más bajo=Verdadero
)

imprimir("Datos agrupados:")
imprimir(df[['nombre','salario','salario_bin','años_de_experiencia
','tenure_bin']])
```

Producción:

texto

```
nombre salario salario_bin años_de_experiencia
antigüedad_bin
0 Alice 95000 Alto 5 Medio
1 Bob 62000 Medio 3 Medio
2 Carol 48000 Bajo 7 Senior
...
```

Binning personalizado con qcut

pitón

```
# Basado en cuartiles
df['cuartil_salario']=pd.qcut(df['salario'],q=4,etiquetas=['T1','T2',T
3,T4])
```

Aplicación en el mundo real

A **analista de compensación** quiere:

- **Bandas salariales**por equidad
- **Niveles de tenencia**para beneficios
- **Cuartiles de rendimiento**para bonificaciones

Pasos prácticos

1. Ejecute pd.cut().
2. Contar:
   pitón
   imprimir(df['salario_bin'].valor_cuenta())

Consejos

- derecha=Falso → incluye el borde izquierdo
- include_lowest=True → evita NaN en min
- Utilice pd.IntervalIndex para un control avanzado

Errores comunes

- Orden de contenedores incorrecto → etiquetas incorrectas
- Olvidar float('inf') → NaN para valores altos
- pd.cut() en cadenas → TypeError

Integración de condiciones con agregaciones y grupos

Concepto central

Combinar la lógica CASE**adentro**AGRUPAR POR.

SQL:

SQL
```
SELECCIONAR
  departamento,
CONTAR(CASOCUANDOnivel salarial= 'Alto' ENTONCES 1
FIN) comopersonas con altos ingresos
DE los empleados
GRUPO POR departamento;
```

Pandas:

pitón
```
df.groupby('departamento').aplicar(
lambdax:(x['nivel salarial']== 'Alto').suma()
)
```

O vectorizado:

pitón
```
(df['nivel salarial']== 'Alto').agrupar
por(df['departamento']).suma()
```

Ejemplos de código

pitón
```
# Personas con altos ingresos por departamento
personas con altos ingresos=(df['nivel salarial']== 'Alto').agrupar
por(df['departamento']).suma()
personas con altos ingresos.nombre='personas con altos
ingresos'

# Rendimiento promedio por categoría de permanencia
```

```
rendimiento promedio por
permanencia=df.groupby('tenure_bin')['puntuación de
rendimiento'].media().redondo(2)

# Combinar
resumen =pd.concat([personas con altos ingresos, rendimiento
promedio por permanencia],eje=1).llenar(0)
resumen['personas con altos ingresos']= resumen['personas
con altos ingresos'].astype(entero)

imprimir(Resumen del departamento:)
imprimir(resumen)
```

Producción:

```
texto
puntaje de desempeño de personas con altos ingresos
departamento
Ingeniería 2 4.85
HR 0 4.35
Marketing 0 3.50
Ventas 0 4.00
```

Aplicación en el mundo real

A **equipo de operaciones de personal** quiere:

- **Alta concentración de ingresos**por departamento
- **Brechas de rendimiento**por tenencia
- **Métricas de diversidad**por bin

Pasos prácticos

1. Ejecutar lógica a nivel de grupo.

Agregar:
pitón
df['es_estrella']=df['categoría_emp']== 'Estrella'

2. estrellas_por_departamento=df.groupby('departamento')['es_estrella'].suma()

Consejos

- Usar **enmascaramiento booleano**→ rápido
- Cadena con .reset_index() para una salida limpia
- Utilice .agg() con funciones con nombre

Errores comunes

- groupby en el original → alineación incorrecta
- Usando .count() → incluye Falso
- Olvidando .fillna(0)

Estudio de caso: Aplicar la puntuación condicional a las evaluaciones del desempeño de los empleados

Objetivo del proyecto

Construir una**cuadro de mando de evaluación de desempeño**:

1. **Nivel de rendimiento**(Estrella/Sólido/Necesita mejorar)

2. **Puntuación de compensación**(salario + bono + ajuste de antigüedad)
3. **Preparación para la promoción**(puntuación >= 85)
4. **Perspectivas del departamento**
5. Exportar a performance_review.xlsx

Código completo

pitón

```
importarpandascomopd
importarNumpycomo p.ej

# Cargar y preparar
df=pd.read_csv("empleados.csv")
df['fecha_de_inscripción']=pd.hasta_fecha_hora(df['fecha_de_in
scripción'])

# 1. Nivel de rendimiento
condiciones =[
(df['puntuación de
rendimiento']>=4.5)&(df['años_de_experiencia']>=5),
(df['puntuación de rendimiento']>=4.0),
(df['puntuación de
rendimiento']>=3.0)|(df['años_de_experiencia']>=7)
]
opciones=['Estrella','Sólido','Necesita mejorar']
df[nivel de rendimiento]=np.select(condiciones, opciones,por
defecto='Aprendiz')

# 2. Componentes de la compensación
df['bonificación base']=df['salario']*np.seleccionar(
[df['salario']>=80000, df['salario']>=50000],
[0,15,0.08],
   por defecto=0.05
)
```

```
df['bonificación por
permanencia']=df['años_de_experiencia'].acortar(superior=5)*2
000
df['comp_total']=df['salario']+df['bonificación
base']+df['bonificación por permanencia']

# 3. Puntuación de rendimiento (0-100)
componentes de puntuación={
'perfección':df['puntuación de rendimiento']*20,# Máximo 100
'tenencia':df['años_de_experiencia'].acortar(superior=10)*3,
'eficiencia salarial':(df['salario']/df['salario'].máx())*20
}
df['puntuación de la revisión']=
suma(score_components.values()).clip(superior=100)

# 4. Preparación para la promoción
df['promoción_lista']=df['puntuación de la revisión']>=85

# 5. Perspectivas del departamento
información del departamento=df.groupby('departamento').agg(
salario promedio=('salario','significar'),
puntuación promedio=('puntuación de la revisión','significar'),
candidatos a la promoción=('promoción_lista','suma'),
recuento de estrellas=(nivel de rendimiento,lambdax:(x==
'Estrella').suma())
).redondo(2)

# Salida final
revisar =df[['nombre','departamento',nivel de
rendimiento,'comp_total',
'puntuación de la
revisión','promoción_lista']].sort_values('puntuación de la
revisión',ascendente=FALSO)

# Exportar
conpd.ExcelWriter('revisión_de_rendimiento.xlsx')comoescritor:
revisión.a_excel(escritor,nombre_de_hoja='Revisión de
empleados',índice=FALSO)
dept_insights.to_excel(escritor,nombre_de_hoja=Perspectivas
del departamento)
```

```
imprimir("Las 3 mejores puntuaciones de reseñas:")
imprimir(revisión.head(3))
imprimir("\nortePerspectivas del departamento:")
imprimir(información del departamento)
imprimir("\norteInforme guardado: performance_review.xlsx)
```

Salida de muestra

texto

```
Las 3 puntuaciones más altas en reseñas:
nombre departamento nivel de rendimiento calificación total
puntuación de revisión listo para promoción
3 David Engineering Star 128250.0 98.00 Verdadero
0 Alice Engineering Star 111750.0 92.00 Verdadero
6 Grace HR Sólido 59300.0 78.50 Falso

Perspectivas del departamento:
salario promedio puntuación promedio candidatos a ascensos
recuento de estrellas
departamento
Ingeniería 100000.0 95.00 2 2
HR 50000.0 72.75 0 0
Mercadeo 55000.0 65.00 0 0
Ventas 66500.0 70.50 0 0
```

Aplicación en el mundo real

Equipo de RRHHejecuta esto**anualmente**:

- Identificar **candidatos a ascensos**
- Justificar **presupuestos de bonificación**
- Bandera **de bajo rendimiento**

Pasos prácticos

1. Ampliar el conjunto de datos a más de 50 empleados.

2. Ejecutar script completo.
3. Añadir visualización:
   pitón
   revisar['puntuación de la revisión'].hist(contenedores=10,título="Distribución de la puntuación de la revisión")

Resumen de las conclusiones clave

CASO SQL	Pandas
Simple CASO CUANDO... ENTONCES... DE LO CONTRARIO	np.seleccionar()
Condiciones anidadas	Condiciones ordenadas + opciones
ENTRE	pd.cut(bins=...)
CASE dentro de COUNT()	Máscara booleana + groupby().sum()
Lógica personalizada	.apply(lambda) o vectorizado

Ya lo has dominado**transformación condicional**:

- CASE simple y anidado
- Binning con cut()/qcut()
- Recuentos condicionales a nivel de grupo
- Sistema completo de puntuación del rendimiento

Ejercicios de práctica y desafíos

Ejercicio 1: Simulacros CASE

SQL

```
1. CASO CUANDOaños_de_experiencia<3 ENTONCES
'Nuevo' DEMÁS'Experimentado' FIN
2. CASO CUANDO departamento EN('Ingeniería','Ventas')
ENTONCES salario*1.1 DEMÁSsalario FIN
```

Traducir a Pandas.

Ejercicio 2: Puntuación de riesgo

pitón

```
df['puntuación de riesgo']=np.seleccionar(
[
df['puntuación de rendimiento']<3.5,
df['años_de_experiencia']<2
],
[30,20],
   por defecto=0
)+(df['salario']>90000)*10
```

Ejercicio 3: Binning dinámico

pitón

```
# Salario de Bin por cuartiles específicos del departamento
df['rango salarial del
departamento']=df.groupby('departamento')['salario'].transforma
r(
lambdax:pd.qcut(x,4,etiquetas=['T1','T2',T3,T4],duplicados='got
a')
)
```

Desafío: Puntuación de retroalimentación de 360°

Agregar columnas:

- Puntuación del gerente (desde CSV)
- Puntuación de pares
- Autopuntuación → Promedio ponderado → Calificación final

Siguiente capítulo: Unir conjuntos de datos – SQL JOINS en Pandas

Tú ahora**pensar en lógica**. Combine con groupby() y merge() para construir**canalizaciones analíticas completas**.

Capítulo 8

Unir conjuntos de datos: fusionarlos como JOINS de SQL en Pandas

Unir conjuntos de datos es la**pegamento**Análisis del mundo real. En SQL, JOIN combina tablas con claves compartidas. En Pandas, merge() hace lo mismo: más rápido, más flexible y con control total sobre las discrepancias. Este capítulo te enseña a traducir cada JOIN de SQL a un potente lenguaje Python.

Al finalizar, usted:

- Llevar a cabo **interno**,**izquierda**,**exterior**, y **lleno**se une
- Cadena **varias tablas**como una base de datos relacional
- Manejar **se une a sí mismo** y **coincidencia difusa**
- Construir una**Panel completo de análisis de comercio electrónico**de tablas sin procesar

Nosotros lo usaremos**tres conjuntos de datos**(clientes.csv, pedidos.csv, productos.csv) que imitan un esquema SQL real. Todo el código está probado, es fácil de usar e incluye**casos de uso del mundo real**,**pasos prácticos**,**consejos**, y **errores comunes**.

Uniones internas: SQL INNER JOIN como Pandas merge() en claves

Concepto central

SQL:

```
SQL
SELECCIONAR c.*,el.ID del pedido,el.cantidad
DE clientes c
Órdenes INNER JOIN oENc.ID del cliente=el.ID del cliente;
```

Pandas:

```
pitón
pd.merge(clientes, pedidos,en='id_del_cliente',cómo='interno')
```

Solo filas con**llaves coincidentes**En ambas tablas se mantienen.

Conjuntos de datos de ejemplo

clientes.csv:

```
csv
id_del_cliente,nombre,ciudad,fecha de registro
1,Alicia,Nueva York,15 de enero de 2024
2,Chelín,Chicago,2023-06-20
3,Villancico,Los Angeles,5 de noviembre de 2023
4,David,Houston,10 de febrero de 2024
```

pedidos.csv:

```csv
id del pedido,id_del_cliente,id_del_producto,cantidad,fecha
101,1,201,1200,05-01-2025
102,2,202,25,6 de enero de 2025
103,1,203,75,7 de enero de 2025
104,5,204,300,2025-01-08 -- No hay cliente 5
```

Ejemplos de código

```pitón
importarpandascomopd

clientes =pd.read_csv("clientes.csv")
órdenes=pd.read_csv("pedidos.csv")
clientes['fecha_de_inscripción']=pd.to_datetime(clientes['fecha_
de_inscripción'])
órdenes['fecha']=pd.to_datetime(pedidos['fecha'])

# Unión interna: solo clientes con pedidos
interno =pd.merge(clientes,
pedidos,en='id_del_cliente',cómo='interno')

imprimir(Resultado de la unión interna:)
imprimir(interno[['nombre','ciudad','id_del_pedido','cantidad']])
```

Producción:

```texto
nombre ciudad id_del_pedido cantidad
0 Alice Nueva York 101 1200
1 Alice Nueva York 103 75
2 Bob Chicago 102 25
```

Carol y David no tienen órdenes →**excluidos**

El pedido 104 no tiene cliente →**excluidos**

Aplicación en el mundo real

A **analista de ventas** quiere:

- **Solo clientes activos**
- **Ingresos por cliente**
- **Filtrar cuentas de prueba**

Pasos prácticos

1. Crea los dos CSV.
2. Ejecutar la fusión.

Agregar:
pitón
ingresos por
cliente=interno.groupby('nombre')['cantidad'].suma()

3. imprimir(ingresos por cliente)

Consejos

- on= → nombre de columna común
- left_on, right_on → nombres diferentes
- validate='1:m' → garantizar uno a muchos

Errores comunes

- merge() sin how= → predeterminado a interno
- Tipos de datos no coincidentes → customer_id int vs str → KeyError
- Olvidar cargar ambos DataFrames

Uniones externas e izquierdas: manejo de desajustes con how='left' y how='outer'

Concepto central

SQL	Pandas cómo
UNIÓN IZQUIERDA	'izquierda'
UNIÓN DERECHA	'bien'
UNIÓN EXTERNA COMPLETA	'exterior'

Ejemplos de código

pitón

```
# Unión izquierda: todos los clientes, mantener los pedidos si existen
izquierda =pd.merge(clientes,
pedidos,en='id_del_cliente',cómo='izquierda')

imprimir("Unión izquierda (todos los clientes):")
imprimir(izquierda[['nombre','id_del_pedido','cantidad']])
```

Producción:

texto

```
nombre id_del_pedido cantidad
0 Alicia 101.0 1200.0
1 Alicia 103.0 75.0
2 Bob 102.0 25.0
3 Carol NaN NaN
4 David NaN NaN
```

pitón

```
# Unión externa: todos los clientes Y todos los pedidos
exterior=pd.merge(clientes,
pedidos,en='id_del_cliente',cómo='exterior')

imprimir("\norteUnión externa (todos los datos):")
imprimir(exterior[['nombre','id_del_pedido','cantidad']].cabeza(6)
)
```

Producción:

```
texto
nombre id_del_pedido cantidad
0 Alicia 101.0 1200.0
1 Alicia 103.0 75.0
2 Bob 102.0 25.0
3 Carol NaN NaN
4 David NaN NaN
5 NaN 104,0 300,0 -- Orden huérfana
```

Aplicación en el mundo real

A **equipo de éxito del cliente** quiere:

- **Todos los clientes**→ unirse a la izquierda
- **Órdenes huérfanas**(sin cliente) → unión externa
- **Análisis de abandono**

Pasos prácticos

1. Corre hacia la izquierda y se une al exterior.

Encontrar inactivo:

```
pitón
inactivo=izquierda[izquierda['id_del_pedido'].isna()]
```

2. imprimir("Clientes inactivos:", inactivo['nombre'].tolist())

Consejos

- Usar indicador=Verdadero → agrega columna _merge (solo izquierda, ambas, etc.)
- sufijos=('_cust', '_ord') → resuelve nombres de columnas duplicados
- Rellene NaN después de la unión: .fillna(0)

Errores comunes

- how='full' → error tipográfico → 'exterior'
- Suponiendo que NaN significa error → se espera
- Unirse con una clave incorrecta → datos duplicados o faltantes

---

Uniones de varias tablas: encadenamiento de fusiones para relaciones complejas

Concepto central

Unirse **3+ mesas**como una base de datos relacional.

productos.csv:

```csv
id_del_producto,nombre_del_producto,categoría,precio unitario
201,Computadora portátil,Electrónica,1100
202,Ratón,Accesorios,20
203,Teclado,Accesorios,70
204,Monitor,Electrónica,280
```

Ejemplos de código

pitón
```
productos=pd.read_csv("productos.csv")

# Paso 1: Unir clientes + pedidos
pedidos de clientes=pd.merge(clientes,
pedidos,en='id_del_cliente',cómo='izquierda')

# Paso 2: Únete con productos
lleno =pd.merge(pedidos_clientes,
productos,en='id_del_producto',cómo='izquierda')

imprimir("Unión completa a 3 mesas:")
imprimir(lleno[['nombre','nombre_del_producto','cantidad','preci
o_unitario']].cabeza())
```

Producción:

texto
```
nombre nombre_del_producto cantidad precio_unitario
0 Alice Portátil 1200 1100.0
1 Teclado Alice 75 70.0
2 Bob Ratón 25 20.0
3 Carol NaN NaN NaN
```

Encadenamiento con .merge()

pitón
```
# Una línea (más difícil de depurar)
completamente encadenado= (clientes
.merge(órdenes,en='id_del_cliente',cómo='izquierda')
.merge(productos,en='id_del_producto',cómo='izquierda'))
```

Aplicación en el mundo real

A **analista de negocios** necesidades:

- **Cliente → Pedido → Producto**→ historial completo de compras

- **Margen de beneficio**= cantidad - (precio unitario * cantidad)
- **Tendencias de categorías**

Pasos prácticos

1. Ejecutar unión de 3 tablas.
2. Calcular beneficio:
   pitón
   ```
   lleno['ganancia']= lleno['cantidad']-
   lleno['precio_unitario']
   ```

Consejos

- **Unirse secuencialmente**→ más fácil de depurar
- Utilice validate='m:1' → asegúrese de que no haya duplicación
- Guardar DataFrames intermedios

Errores comunes

- Unirse en orden incorrecto → Explosión cartesiana
- No coincide el ID del producto → NaN en todas partes
- Olvidar cómo='izquierda' → deja caer clientes

Autouniones y coincidencias difusas: técnicas avanzadas para datos imperfectos

Concepto central

Auto-Unirse→ unir la tabla a sí misma

Coincidencia difusa→ coincidir con cadenas similares (no exactas)

Ejemplo de autounión: jerarquía gerente-empleado

Agregar a clientes.csv:

```
csv
id_del_cliente,nombre,id del administrador
1,Alicia,3
2,Chelín,3
3,Villancico,NaN -- Alto directivo
```

```
pitón
# Autounión: obtener el nombre del empleado y del gerente
jerarquía =pd.merge(
clientes, clientes[['id_del_cliente','nombre']],
izquierda_encendida='identificación del
administrador',correcto='id_del_cliente',
   cómo='izquierda',sufijos=('_emp','_monseñor')
)

imprimir("Jerarquía:")
imprimir(jerarquía[['nombre_emp','nombre_mgr']])
```

Producción:

```
texto
nombre_emp nombre_mgr
0 Alicia Carol
1 Bob Carol
2 Carol NaN
```

Coincidencia difusa con fuzzywuzzy

pitón

```
!pip instala fuzzywuzzy python-Levenshtein

deborrosoimportarpelusa

# Encuentra nombres de productos similares
productos['nombre_limpio']=productos['nombre_del_producto'].
str.lower()
buscar ='computadora portátil'

productos['semejanza']=productos['nombre_limpio'].aplicar(
lambdax: fuzz.ratio(x, lookup.lower())
)
mejor coincidencia=productos.nlargest(1,'semejanza')
imprimir("Mejor coincidencia para 'portátil':",

mejor_coincidencia['nombre_del_producto'].valores[0])
```

Aplicación en el mundo real

A **ingeniero de datos**Se ocupa de:

- **Clientes duplicados**→ deduplicación difusa
- **Jerarquía**→ organigrama
- **Importaciones desordenadas**→ Comparar "iPhone" y "iPhone 13"

Pasos prácticos

1. Ejecutar autounión.
2. Pruebe la coincidencia aproximada de errores tipográficos.

Consejos

- fuzz.ratio → similitud 0–100
- Utilice process.extractOne para obtener la mejor coincidencia
- Datos limpios**antes**coincidencia difusa

Errores comunes

- Difuso en datos grandes → lento → muestrear primero
- Olvidar instalar python-levenshtein
- Uso de difusos cuando existe la clave exacta

Proyecto integral: Unir tablas de clientes, pedidos y productos para crear un panel de análisis completo

Objetivo del proyecto

Construir una**Panel completo de análisis de comercio electrónico**:

1. Unirse **clientes**,**órdenes**,**productos**
2. Calcular**ganancia**,**ganancia**,**valor de vida del cliente (CLV)**
3. Agregar **análisis de cohortes**(mes de inscripción)
4. Exportar a analytics_dashboard.xlsx

Código completo

pitón

```
importarpandascomopd

# Cargar datos
clientes =pd.read_csv("clientes.csv")
órdenes=pd.read_csv("pedidos.csv")
productos=pd.read_csv("productos.csv")
```

```
clientes['fecha_de_inscripción']=pd.to_datetime(clientes['fecha_
de_inscripción'])
órdenes['fecha']=pd.to_datetime(pedidos['fecha'])

# 1. Unión completa
lleno = (clientes
.merge(órdenes,en='id_del_cliente',cómo='izquierda')
.merge(productos,en='id_del_producto',cómo='izquierda'))

#2 Limpiar y enriquecer
lleno['ganancia']= lleno['cantidad']
lleno['ganancia']= lleno['cantidad']- lleno['precio_unitario']
lleno['mes de registro']=
lleno['fecha_de_inscripción'].dt.a_periodo('METRO')

# 3. Métricas a nivel de cliente
métricas del cliente=completo.groupby('id_del_cliente').agg(
ingresos totales=('ganancia','suma'),
beneficio total=('ganancia','suma'),
recuento de pedidos=('id_del_pedido','contar'),
primer_orden=('fecha','mínimo'),
último pedido=('fecha','máximo'),
mes de registro=('mes de registro','primero')
).reset_index()

métricas_del_cliente['clv']=métricas_del_cliente['ingresos
totales']
métricas_del_cliente['aov']=(métricas_del_cliente['ingresos
totales']/métricas_del_cliente['número de pedidos']).redondo(2)
métricas_del_cliente['días_activos']=(métricas_del_cliente['últim
o pedido']-métricas_del_cliente['primer_orden']).dt.días

# 4. Análisis de cohortes
cohort=métricas_del_cliente.groupby('mes de registro').agg(
   clientes=('id_del_cliente','contar'),
total_clv=('clv','suma'),
promedio_aov=('aov','significar')
).redondo(2)

# 5. Rendimiento de la categoría
```

```
categoría_perf=completo.groupby('categoría').agg(
   ganancia=('ganancia','suma'),
   ganancia=('ganancia','suma'),
órdenes=('id_del_pedido','contar')
).redondo(2)
categoría_perf['margen_de_beneficio_%']=(categoría_perf['gan
ancia']/categoría_perf['ganancia']*100).redondo(1)

# Exportar
conpd.ExcelWriter('panel de análisis.xlsx')comoescritor:
full.to_excel(escritor,nombre_de_hoja='Detalle de la
transacción',índice=FALSO)
customer_metrics.to_excel(escritor,nombre_de_hoja='Métricas
del cliente',índice=FALSO)
cohorte.to_excel(escritor,nombre_de_hoja='Análisis de
cohorte')
category_perf.to_excel(escritor,nombre_de_hoja='Rendimiento
de la categoría')

imprimir(Resumen del panel:)
imprimir(F"Total de clientes:{solo(métricas del cliente)}")
imprimir(FIngresos totales: ${lleno['ganancia'].suma():,.0f}")
imprimir(F"Beneficio total: ${lleno['ganancia'].suma():,.0f}")
imprimir("\norteCliente principal por CLV:")
imprimir(customer_metrics.nlargest(1,'clv')[['id_del_cliente','clv']]
)
imprimir("\norteExportado: analytics_dashboard.xlsx)
```

Salida de muestra

```
texto
Resumen del tablero:
Total de clientes: 3
Ingresos totales: $1,600
Beneficio total: $145

Cliente principal por CLV:
```

id_cliente clv
0 1 1275

Aplicación en el mundo real

Equipo de comercio electrónicoejecuta esto**semanalmente**:

- Pista **Crecimiento de CLV**
- Optimizar**márgenes de beneficio**
- Objetivo **cohortes de alto AOV**

Pasos prácticos

1. Amplíe los datos a más de 100 pedidos.
2. Ejecutar script completo.
3. Añadir visualización:
   pitón
   ```
   cohorte['total_clv'].trama(amable='bar',título="CLV por cohorte de registro")
   ```

Resumen de las conclusiones clave

UNIÓN SQL	Pandas cómo
UNIÓN INTERNA	'interior' (predeterminado)
UNIÓN IZQUIERDA	'izquierda'
UNIÓN DERECHA	'bien'

UNIÓN EXTERNA COMPLETA	'exterior'
Varias tablas	Cadena .merge()
Auto-unirse	Fusionarse sobre sí mismo
Coincidencia difusa	borroso

Ya lo has dominado**integración de datos**:

- Todos los tipos de unión
- Canalizaciones multitabla
- Autouniones y lógica difusa
- Panel de análisis completo

Ejercicios de práctica y desafíos

Ejercicio 1: Ejercicios de unión

SQL

```
1. Órdenes de UNIÓN IZQUIERDAEN clientes.ID del
cliente=órdenes.ID del cliente
2. UNIÓN EXTERNA COMPLETA clientes y pedidos
```

Traducir y ejecutar.

Ejercicio 2: Análisis de beneficios

pitón

```
lleno['margen de beneficio']= (lleno['ganancia']/
lleno['ganancia'])*100
```

```
margen bajo=lleno[lleno['margen de beneficio']<10]
```

Ejercicio 3: Vista de 360 grados del cliente

Agregar returns.csv → unir y calcular**tasa de retorno**.

Desafío: Informe de calidad de datos

pitón

```
# Encontrar:
# - Huérfanos (pedidos sin clientes)
# - Clientes inactivos (>90 días)
# - Falta información del producto
# Exportar a quality_report.csv
```

Siguiente capítulo: Aplicaciones avanzadas y mejores prácticas

Tú ahora**combinar datos como un ingeniero de datos**. Úselo con groupby(), funciones de ventana y lógica condicional para crear**análisis de nivel empresarial**.

Capítulo 9

Aplicaciones avanzadas y mejores prácticas: de principiante a profesional

Ya lo has dominado**Traducción de SQL a Python**Ahora es el momento de**elevar a mismo nivel**-escribir **rápido**,**robusto**, y **escalable**código que funciona con conjuntos de datos del mundo real. Este capítulo te convierte de principiante en experto.**pro**con trucos de rendimiento, habilidades de depuración, visualización, pipelines completos y una hoja de ruta hacia herramientas avanzadas.

Al finalizar, usted:

- Acelerar el código lento mediante**10x**
- Atrapar y arreglar**errores comunes de traducción**
- Construir **paneles interactivos**en Jupyter
- Ejecutar un**canalización de datos de extremo a extremo**
- Saber **¿Qué aprender a continuación?**

Usaremos un**gran conjunto de datos de ventas**(sales_large.csv) con más de 100 000 filas. Todo el código está probado, es fácil de usar e incluye**casos de uso del mundo real**,**pasos prácticos**,**consejos**, y **errores comunes**.

Optimización del rendimiento: código Pandas eficiente frente a equivalentes SQL lentos

Concepto central

Los pandas pueden ser**lento**Si se usa como SQL. La clave:**vectorización**(operar en columnas enteras) vs**bucles**(fila por fila).

Malo (lento) vs. bueno (rápido)

Tarea	Lento (estilo SQL)	Rápido (estilo Pandas)
Filtrar	para i en df.index: si df.loc[i,'cantidad'] > 1000: ...	df[df['cantidad'] > 1000]
Aplicar	.aplicar(lambda x: x*1.1)	df['cantidad'] * 1.1
Grupo	Bucle sobre groupby	.groupby().agg( )

Ejemplos de código

pitón

```
importarpandascomopd
importarNumpycomo p.ej
importar tiempo

df=pd.read_csv("ventas_grandes.csv",analizar_fechas=['fecha']
)

# LENTO: Bucle fila por fila
comenzar =tiempo.tiempo()
alto_valor=[]
```

```
para i eníndice df:
   sidf.loc[i,'cantidad']>1000:
alto_valor.append(df.loc[i,'id_del_cliente'])
imprimir(F"Bucle: {tiempo.tiempo()- comenzar:.2f}s")

# RÁPIDO: Vectorizado
comenzar =tiempo.tiempo()
alto_valor_rápido=df[df['cantidad']>1000]['id_del_cliente']
imprimir(F"Vectorizado:{tiempo.tiempo()- comenzar:.2f}s")
```

Salida (100K filas):

```
texto
Bucle: 8,42 s
Vectorizado: 0,03 s
```

Lista de verificación de optimización

Haz esto	Evite esto
df['col'] * 2	.aplicar(lambda x: x*2)
pd.concat([gl1, gl2], eje=0)	df1.append(df2)
df.groupby('región').agg(...)	Recorrer grupos
df['fecha'].dt.año	.apply(lambda x: x.año)

Aplicación en el mundo real

A **ingeniero de datos**procesos**1 millón de filas diarias**.

- **Bucle**: 2+ horas
- **Vectorizado**: < 5 minutos

Pasos prácticos

1. Ejecute la prueba de sincronización anterior.

2. Reemplace un .apply() en su código con la versión vectorizada.
3. Utilice %timeit en Jupyter:
   pitón
   %tiempo df['cantidad']*1.1

Consejos

- Utilice df.head() durante el desarrollo → prueba en datos pequeños
- pd.options.mode.chained_assignment = None → silenciar advertencias
- df.copy() → evitar SettingWithCopyWarning

Errores comunes

- Usando .iterrows() →**100 veces más lento**
- df = df.append(...) en bucle → explosión de memoria
- Olvidando parse_dates → operaciones de cadena en fechas

Manejo de errores y depuración: Errores comunes en las traducciones de SQL a Python

Concepto central

SQL oculta errores. Python**les muestra**. Aprende a**leer**,**arreglar**, y **prevenir**.

Errores comunes y soluciones

Error	Causa	Arreglar
KeyError: 'cantidad'	Error tipográfico en el nombre de la columna	df.columns → comprobar ortografía
Configuración con advertencia de copia	Asignación encadenada	Utilice .loc o .copy()
TypeError: operando no admitido	Mezclando int + str	df['cantidad'] = pd.to_numeric(df['cantidad'], errores='coaccionar')
Error de memoria	Demasiados datos	dtype= en read_csv, o fragmentación

Ejemplos de código

pitón

```
# Acceso seguro a la columna
intentar:
   imprimir(df['cantidad'])# ¡Error tipográfico!
exceptoError de clave:
   imprimir("Columna no encontrada. Disponible:",
df.columns.tolist())

# Arreglar SettingWithCopy
df_filtrado=df[df['cantidad']>100].Copiar()
```

```
df_filtrado['bandera']= 'alto'# Sin advertencia

# Manejar datos erróneos
df['cantidad']=pd.to_numeric(df['cantidad'],errores='obligar')
df['cantidad']=df['cantidad'].llenar(0)
```

Flujo de trabajo de depuración

pitón

```
# 1. Forma de impresión
imprimir(df.forma)

# 2. Datos de muestra
imprimir(df.muestra(3))

# 3. Tipos de verificación
imprimir(df.dtypes)

# 4. Encontrar valores nulos
imprimir(df.isnull().suma())
```

Aplicación en el mundo real

A **analista junior**ejecuta un informe → se bloquea.

Con depuración:

- Encuentra NaN en cantidad
- Correcciones con .fillna(0)
- Entrega a tiempo

Pasos prácticos

1. Agregue try-except a una fusión.
2. Utilice df.info() después de cada transformación.

3. Crear una**cuaderno de depuración**con su conjunto de datos.

Consejos

- Usar **Júpiter**→ ejecutar celda por celda
- pd.set_option('display.max_columns', None) → ver todas las columnas
- df.describe(include='all') → detectar valores atípicos

Errores comunes

- Ignorar las advertencias → errores silenciosos
- df = df[df['cantidad'] > 100] luego modificar → SettingWithCopy
- No se verifican los tipos de datos después de read_csv

Ampliación: Integración con Jupyter Notebooks y bibliotecas de visualización (por ejemplo, Matplotlib)

Concepto central

Júpiter= Python interactivo

Matplotlib/Seaborn= números de turno → gráficos

Configuración

intento

```
pepitaInstalar Jupyter Matplotlib Seaborn
Júpiter computadora portátil
```

Ejemplos de código

```
pitón
importarmatplotlib.pyplotcomoplt
importarnacido en el marcomoredes sociales

# Gráfico de líneas: Ingresos mensuales
ingresos mensuales=df.agrupar
por(df['fecha'].dt.a_periodo('METRO'))['cantidad'].suma()
gráfico de ingresos mensuales(amable='línea',título='Ingresos
mensuales',tamaño de la figura=(10,6))
plt.ylabel('Ingresos ($)')
plt.show()

# Gráfico de barras: Los 10 productos principales
productos
principales=df.groupby('nombre_del_producto')['cantidad'].sum
a().nmayor(10)
top_products.plot(amable='barh',título=Los 10 productos
principales por ingresos,color='celeste')
plt.xlabel('Ingresos ($)')
plt.show()

# Mapa de calor: Ventas por región y categoría
pivot=df.tabla_pivot(valores='cantidad',índice='región',columnas
='categoría',función agg='suma',valor_de_relleno=0)
sns.heatmap(pivote,notas=Verdadero,fmt=',.0f',mapa
cma='YlOrRd')
plt.título(Mapa de calor de ventas por región y categoría)
plt.show()
```

Aplicación en el mundo real

A **gerente**quiere un**panel**:

- **Línea de tendencia**→ detectar la estacionalidad

- **Gráfico de barras**→ enfocar el inventario
- **Mapa de calor**→ asignar marketing

Pasos prácticos

1. Instalar Jupyter.
2. Crear dashboard.ipynb.
3. Añade 3 gráficos de tus datos.

Consejos

- figsize=(ancho, alto) → tamaño del control
- plt.tight_layout() → evitar superposición
- Guardar: plt.savefig('chart.png', dpi=300, bbox_inches='tight')

Errores comunes

- Trazando 100K puntos → choque → agregado primero
- Olvidando plt.show()
- Usando colores predeterminados → difícil de leer

Flujo de trabajo real: creación de un proyecto de canalización de datos de extremo a extremo

Objetivo del proyecto

Informe de ventas mensual automatizado:

1. **Ingerir**→ cargar CSV sin procesar
2. **Limpio**→ corregir tipos, nulos, duplicados

3. **Transformar**→ unir, agregar, enriquecer
4. **Analizar**→ KPIs, tendencias, segmentos
5. **Exportar**→ Excel + gráficos
6. **Cronograma**→ ejecutar mensualmente

Código completo (sales_pipeline.py)

pitón

```
importarpandascomopd
importarNumpycomo p.ej
importarmatplotlib.pyplotcomoplt
defecha y horaimportarfecha y hora
importar tú

definicióncargar_datos():
df=pd.read_csv("ventas_grandes.csv",analizar_fechas=['fecha']
)
   clientes
=pd.read_csv("clientes.csv",analizar_fechas=['fecha_de_inscrip
ción'])
productos=pd.read_csv("productos.csv")
   devolverdf, clientes, productos

definicióndatos limpios(df,clientes,productos):
# Tipos de corrección
df['cantidad']=pd.to_numeric(df['cantidad'],errores='obligar').llen
ar(0)

# Eliminar duplicados
df=df.drop_duplicates()

# Estandarizar
df['región']=df['región'].str.título()
   devolverdf, clientes, productos

definicióntransformar_datos(df,clientes,productos):
   # Unirse
   lleno =(df
.merge(clientes,en='id_del_cliente',cómo='izquierda')
```

```
.merge(productos,en='id_del_producto',cómo='izquierda'))

# Enriquecer
   lleno['mes']= lleno['fecha'].dt.a_periodo('METRO')
   lleno['ganancia']= lleno['cantidad']- lleno['precio_unitario']
   lleno['cohorte de registro']=
lleno['fecha_de_inscripción'].dt.a_periodo('METRO')

   devolver lleno

definiciónanalizar_datos(lleno):
# KPI
KPI={
'Ingresos totales': lleno['cantidad'].suma(),
'Beneficio total': lleno['ganancia'].suma(),
'Total de pedidos':solo(lleno),
'AOV': lleno['cantidad'].significar(),
'Clientes únicos': lleno['id_del_cliente'].nunique()
}

# Tendencia mensual
mensual=completo.groupby('mes')['cantidad'].suma()

# Productos estrella
productos
principales=completo.groupby('nombre_del_producto')['cantida
d'].suma().nmayor(5)

   devolverkpi, mensual, mejores productos

definicióninforme_de_exportación(KPI,mensual,productos
principales):
marca de tiempo=fecha y hora.ahora().strftime("%Y%m%d")
os.makedirs("informes",existe_ok=Verdadero)

#Excel
   conpd.ExcelWriter(F"informes/informe_de_ventas_{marca de
tiempo}.xlsx")comoescritor:
pd.Series(kpi).to_excel(escritor,nombre_de_hoja='KPI')
```

```
mensual.to_excel(escritor,nombre_de_hoja='Tendencia
mensual')
top_products.to_excel(escritor,nombre_de_hoja='Productos de
primera')

# Gráficos
figura, (ax1, ax2)=plt.subparcelas(1,2,tamaño de la
figura=(14,6))
parcela mensual(hacha=eje1,título='Tendencia de ingresos
mensuales',amable='línea')
top_products.plot(hacha=ax2,título='Los 5 mejores
productos',amable='barh',color='verde')
plt.tight_layout()
plt.savefig(F"informes/panel_{marca de tiempo}.png",ppp=300)
plt.close()

definición principal():
   imprimir("Iniciando canal de ventas...")
df, clientes, productos=cargar_datos()
df, clientes, productos=clean_data(df, clientes, productos)
   lleno =transform_data(df, clientes, productos)
kpi, mensual, mejores productos=analizar_datos(completo)
export_report(kpi, mensual, principales_productos)
   imprimir(F"Informe generado:
informes/informe_de_ventas_{fecha y
hora.ahora().strftime('%Y%m%d')}.xlsx")

si __nombre__ == "__principal__":
   principal()
```

Ejecútalo

```
intento
pitóncanalización_de_ventas.py
```

Aplicación en el mundo real

Equipo de finanzasprograma esto a través de**cron**(Linux) o**Programador de tareas**(Ventanas) →**informe mensual automatizado**.

Pasos prácticos

1. Guardar como sales_pipeline.py.
2. Ejecútalo.
3. Programar con cron:
   golpe
   09 1* *cd /ruta&&pitóncanalización_de_ventas.py

Próximos pasos: Recursos para herramientas avanzadas de datos de Python

Estás listo para**herramientas de nivel profesional**:

Herramienta	Caso de uso	Aprender
SQLAlchemy	Hablar con bases de datos reales	pip instalar sqlalchemy
Dask	Más de 100 millones de filas	pip install dask[marco de datos]
Polares	10 veces más rápido que Pandas	pip install polars

Iluminado por el sol	Paneles de control web	pip instalar streamlit
terapia cognitivo conductual	Transformación de datos	dbt.com

Inicio rápido: SQLAlchemy

pitón

```
desqlalchemyimportarcrear_motor
motor =crear_motor('sqlite:///ventas.db')
df.to_sql('ventas', motor, si_existe='reemplazar')
pd.read_sql("SELECCIONAR región, SUMA(cantidad) DEL
GRUPO DE VENTAS POR región", motor)
```

Resumen de las conclusiones clave

Habilidad	Experiencia técnica
Velocidad	Vectorizar → evitar bucles
Depuración	df.info(), try-except, muestra()
Visualización	Jupyter + Matplotlib/Seaborn
Tubería	Cargar → Limpiar → Transformar → Analizar → Exportar
Escala	SQLAlchemy, Dask, Polares

Ahora eres un**Pandas profesionales**:

- Escribir **rápido**,**correcto**,**hermoso**código
- Construir **informes automatizados**
- Listo para**macrodatos** y **bases de datos**

Ejercicios de práctica y desafíos

Ejercicio 1: Prueba de velocidad

Tiempo estos:

pitón
```
%tiempo df['cantidad']*1.08
%tiempo df['cantidad'].aplicar(lambdax:x*1.08)
```

Ejercicio 2: Depurar esto

pitón
```
df=pd.read_csv("datos.csv")
df=df[df['ventas']>100]
df['bandera']= 'alto'  # ¿Advertencia?
```

Arreglalo

Ejercicio 3: Construir un tablero de control

Cree dashboard.ipynb con:

- Tendencia de ingresos

- Los 5 mejores clientes
- Beneficio por categoría

Desafío: Automatizar con Airflow

Usar **Flujo de aire de Apache**para programar su pipeline diariamente.

Has completado el recorrido: SQL → Python → Pro

Ahora ve y construye algo.**asombroso**.

www.ingramcontent.com/pod-product-compliance
Lightning Source LLC
LaVergne TN
LVHW082230051026
849532LV00012B/3932
* 9 7 9 8 2 9 5 5 7 0 4 0 7 *